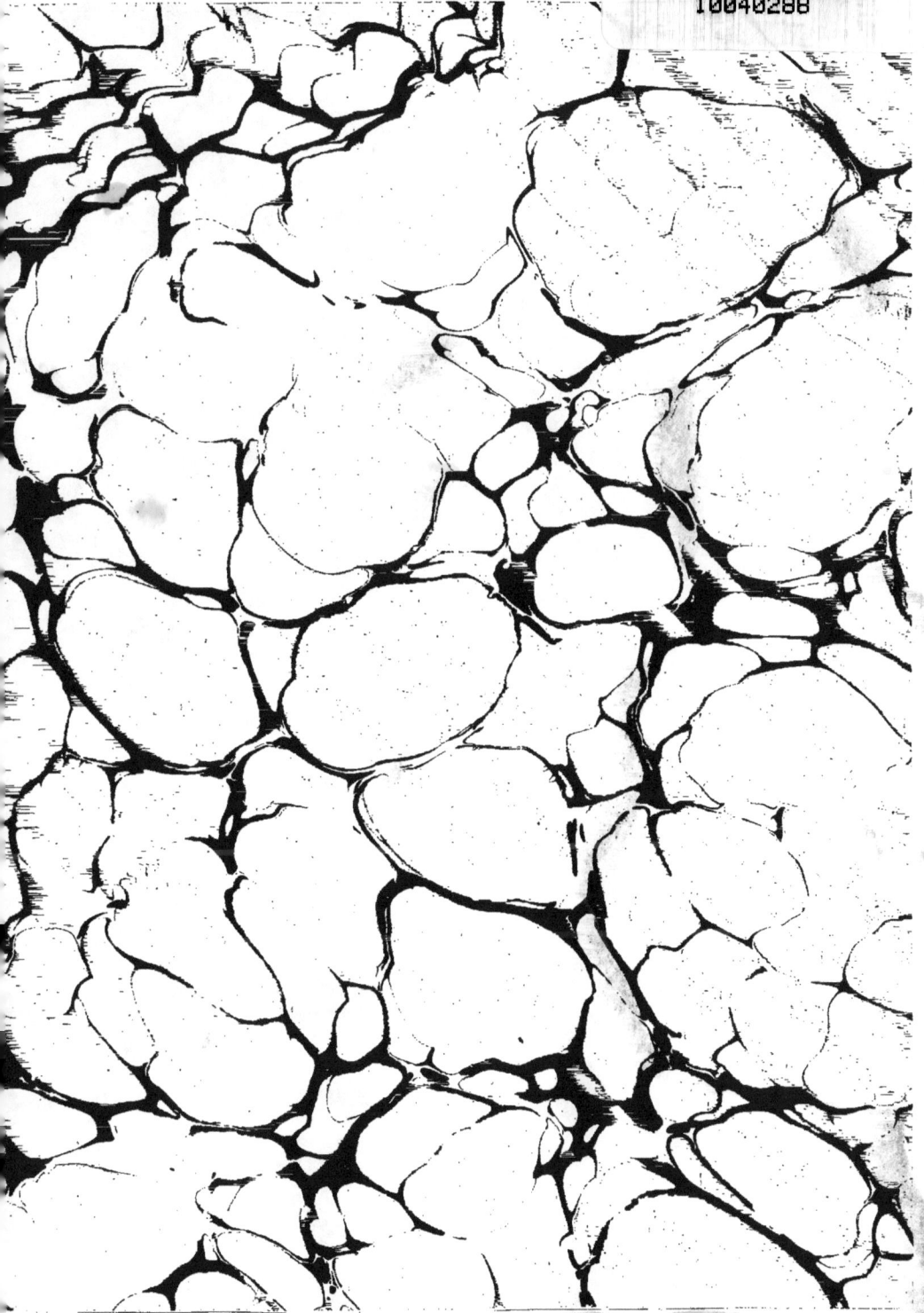

ÉTUDE ÉCONOMIQUE

SUR LE MÉTAYAGE

EN ITALIE

JOSEPH OGLI

PERUGIA

UNIONE TIPOGRAFICA COOPERATIVA

1909

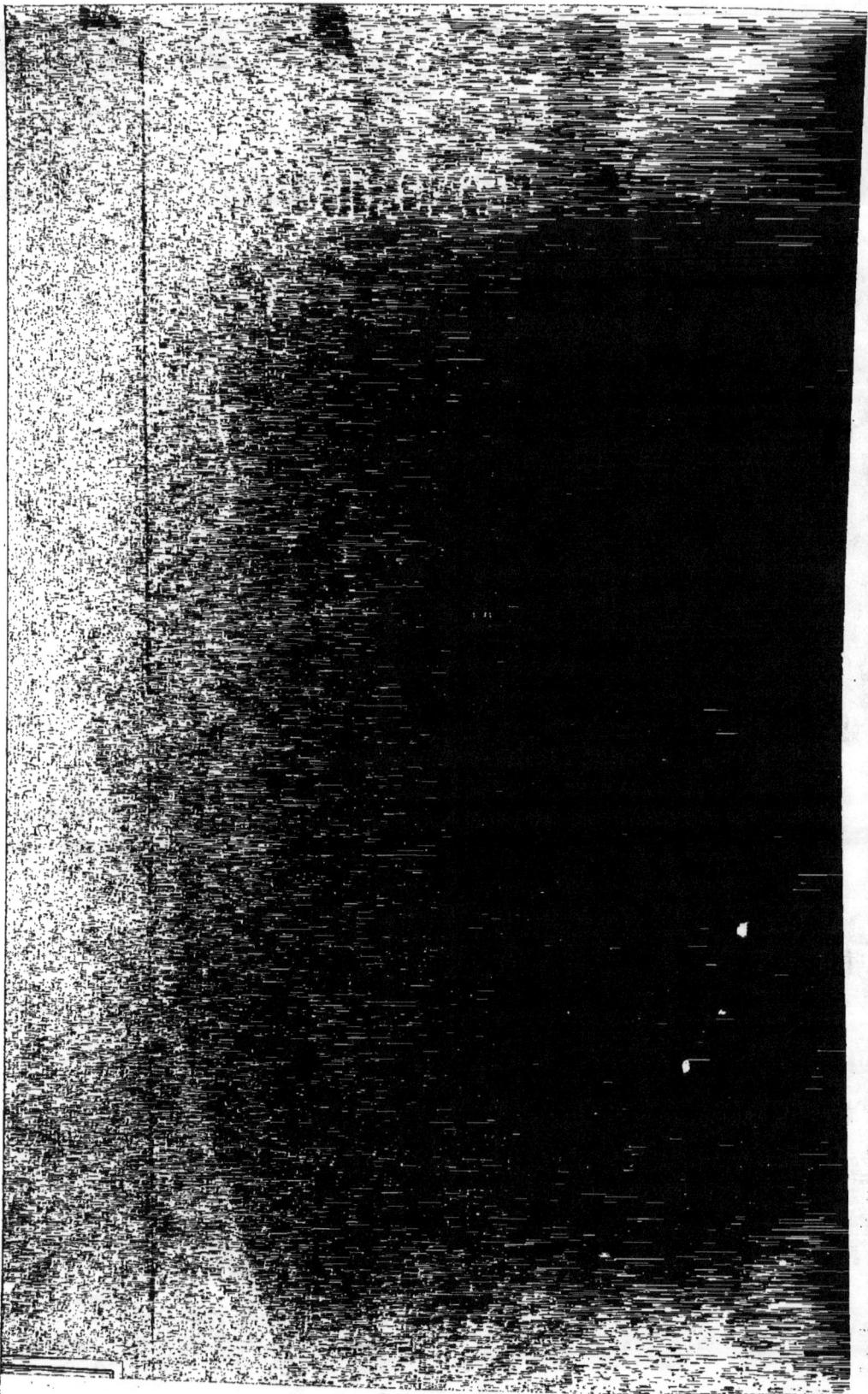

ÉTUDE ÉCONOMIQUE

SUR LE MÉTAYAGE

EN ITALIE

PAR

JOSEPH GRIZI

Docteur ès-sciences politiques et économiques

PERUGIA
UNIONE TIPOGRAFICA COOPERATIVA
1909

AVANT-PROPOS

Les récentes grèves agricoles qui ont eu lieu en Italie ont rappelé l'attention sur les différents modes de tenure des terres en usage dans ce pays, et en particulier sur un de ceux qui y sont les plus répandus : le contrat de métayage. Ce contrat patriarcal régit à peu près le 50 % des terres en Italie.

Est-il destiné à perdre du terrain pour faire place, soit au fermage, soit au faire-valoir direct ? Au contraire, ne sera-t-il pas appelé dans certaines régions de latifundia *à remplacer le mode d'exploitation en régie qui y a donné jusqu'ici de si fâcheux résultats ?*

Ces points d'interrogation qui se posent à l'heure actuelle nous ont fait penser qu'une étude économique sur le métayage en Italie ne serait pas inopportune à cette heure.

C'est cette étude que nous présentons ici.

Elle résume l'état actuel de la question d'après les données de la législation en vigueur et d'après les renseignements statistiques et économiques les plus récents, que les auteurs et les administrations italiennes puissent mettre à la disposition du chercheur.

Notre travail comportera d'abord une introduction en trois chapitres :

Dans le premier nous rappelerons les origines historiques du contrat de métayage en Italie ; dans le second les principes juridiques qui d'après le Code civil italien comparé au Code français règlent la formation, les effets et l'extinction de ce contrat ; dans le troisième nous indiquerons les sources de documentation auxquelles nous avons puisé nos renseignements sur le problème économique du métayage en Italie et nous dirons dans quel ordre nous avons exposé les données de ce problème.

Le corps de l'ouvrage sera ensuite divisé en deux parties. La première consacrée à l'organisation économique, la seconde aux effets du métayage en Italie.

Enfin nous essayerons en quelques pages finales de dégager les conclusions, qui nous auront été inspirées par ce travail, sur le rôle catuel et l'avenir prochain du métayage dans l'agriculture italienne.

INTRODUCTION

CHAPITRE PREMIER.

INTRODUCTION HISTORIQUE

SECTION I. — *Origines du métayage en Italie.*

SECTION II. — *Etat actuel du métayage en Italie.*

CHAPITRE PREMIER.

Introduction historique

Nous diviserons ce chapitre en deux sections : Dans la première nous traiterons des origines du métayage en Italie, dans la seconde de son état actuel.

SECTION I.

Origines du métayage en Italie.

L'exploitation des terres en Italie se rattache à trois grands modes de tenure : le faire-valoir direct (avec ou sans main d'oeuvre étrangère), le régime de la participation (colonat partiaire, métayage), celui du forfait (fermage).

Comme nous nous sommes proposé d'étudier le second de ces modes de tenure et principalement le métayage qui occupe à cette heure en Italie la première place, après le faire-valoir direct, nous commencerons par en donner la définition.

Par colonat partiaire nous entendons le contrat par lequel tous les fruits de la terre sont partagés en nature, et ordinairement par moitié (auquel cas le colonat prend le nom spécial de métayage), entre le propriétaire et le cultivateur associés pour la production agraire.

Ce mode de tenure semble remonter à une date très reculée. Mais quelles sont au juste ses origines ? Problème difficile à résoudre et dont on peut seulement essayer d'approcher la solution.

Nous nous bornerons à rechercher les traces d'existence de ce contrat dans les trois périodes suivantes: avant la domination romaine, sous la domination romaine, au Moyen-Age.

I. — *Le colonat partiaire avant la domination romaine.*

D'après certains auteurs le colonat partiaire existait avant la domination romaine. Mais nous n'avons pas de documents certains qui l'établissent. M. Salvagnoli (1) s'appuyant sur un mot de Pline, suivant lequel les cultivateurs avant l'époque romaine vivaient dans des hameaux dispersés dans la campagne, croit qu'il y était réellement pratiqué. Et Jacini (2) le fait également remonter à une époque antérieure à la conquête romaine. Montesquieu (3) au contraire l'attribue à cette conquête parce que l'esclave devenait le colon partiaire du maître.

II. — *Sous la domination romaine.*

Certains historiens ont cru voir apparaître une forme de colonat partiaire dans la république romaine, après la Loi Licinia. Cette forme aurait ensuite disparu devant l'afflux des esclaves, et reparu de nouveau à la fin du premier siècle.

a) *Apparition du colonat partiaire après la Loi Licinia.*

C'est Gasparin (4) principalement qui croit que le métayage naquit après la *Lex Licinia* (376-366 av. J. C.). Cette loi limitait l'étendue des propriétés rurales et le nombre des esclaves qu'on y employait, et ordonnait l'emploi d'hommes libres

---

(1) V. SALVAGNOLI, *Lettera a Gino Capponi*, 30 novembre 1833.
(2) S. JACINI, *La proprietà fondiaria e la popolazione agricola di Lombardia*, Milano, Civelli, 1857, p. 189.
(3) MONTESQUIEU, *Esprit des lois*, Genève, Bacillot, 1751, XII.
(4) A. DE GASPARIN, *Guide des propriétaires de biens soumis au métayage*, Paris, Librairie de la Maison Rustique, p. 17.

pour la culture, elle obligea les riches à se servir des citoyens pauvres et donna naissance à l'habitude de partager le rendement des terres entre maîtres et ouvriers (1).

b) *Recul postérieur du contrat de colonat partiaire devant l'afflux des esclaves.*

Les événements firent subir bien des changements aux contrats agraires. Les esclaves que les légions romaines arrachaient aux bords du Rhin, du Danube ou de l' Euphrate inondèrent les marchés d' Italie, remplaçant les colons partiaires, dont les guerres tant civiles qu' extérieures avaient dépouillé les campagnes. Varron (*De re rustica*, I., 18) qui écrivit sous le premier triumvirat ne parle jamais de *colonia*. Plus tard Columelle (Liv. I. C. 1.) déplorait en ces termes l'étendue considérable de la propriété rurale et l'absentéisme des propriétaires : « rem rusticam pessimo cuique servorum, velut carnifici, noxae dedimus, quam majorum nostrorum optimus quisque optime tractaverit » et il ajoutait : « quare talis generis proedium, si, ut dixi, domini praesentia cariturum est censeo locandum ».

Le *latifundium* prit le dessus sous l' Empire, comme l' attestent Sénèque et Tacite, et supprima presque le métayage.

_____

(1) CATON (*De re rustica*, 136 et 137) fait la plus ancienne mention de cette forme de contrat, c'est à dire du colonat partiaire : « Politionem quo pacto dari oporteat, in agro Casinate et Venafro, in loco bono parte octava corbi dividat, satis bono septima, tertio loco sexta ; si granum modio dividet, parti quinta. in Venafro ager optimus nona parti corbi dividat, si communiter pisunt, qua ex parte politori pars est, eam partem im pistrinum politor . hordeum quinta modio, fabam quinta modio dividat . vineam curandam partiario . bene curet fundum, arbustum, agrum frumentarium . partiario foenum et pabulum quod bubus satis siet, qui illic sient . cetera omnia pro indiviso ». M. KEIL interprète ainsi ce passage : « Politor est is cui post sementim factam, ut videtur, cura agrorum usque ad messim mandatur vel certa mercede ad singula opera facienda conductus vel parte fructuum pro universo opere constituta » ULPIEN dit (*Digeste*, XVII, 2, 52) : « Politor fructibus in commune quaerendis conductus ». Et CELSE (*Digeste*, L. VII) : « Socios inter se dolum ut culpam praestare oportet, si in coeunda societate artem operamve pollicitus est alter, velut cum pecus in commune pascendum aut agrum politori damus in commune quaerendis fructibus, nimirum ibi etiam culpa praestanda est ».

Je dis presque, parcequ' on ne doit pas croire qu' à l' époque
de l' esclavage, dont nous avons parlé précédamment, le colonat
partiaire ait totalement disparu. La substitution des esclaves fut
complète dans l' Italie Méridionale, et dans une partie de l' Italie
Centrale, mais dans les autres régions de la péninsule les *co-
loniæ partiariae* subsistèrent. M. Géraud dans la classification (1)
qu' il donne des cultivateurs au temps d'Auguste attribue une
certaine importance aux colons partiaires (2).

c) *Réapparition du colonat à la fin du premier siècle à
cause des abus du fermage.*

Le métayage reprit pied après une crise économique qui
sous l' empereur Tibère compromit gravement l'agriculture (3).
Pline le jeune écrivait précisément au Ier siècle : « mes fermiers me volent et consomment tout ce que la terre produit...
Il faut donc s' opposer à un désordre qui augmente de jour en
jour et y apporter un remède. Le seul moyen de le faire c'est
de louer mes terres non pour une somme d'argent, mais moyennant le partage des récoltes avec mon fermier, et en char-
geant quelqu' un des miens de surveiller la culture et d'ex-
ger ma part des denrées et d'en prendre soin. Il n' est pas de
rente plus juste ».

III. — *Au Moyen-Age.*

Le colonat partiaire tout en continuant à être en vigueur
comme exception, les *latifundia* se transforment en fiefs qui

---

(1) GÉRAUD, *Le colonat et les classes agricoles*, n. 14.

(2) En consultant les jurisconsultes de l'époque il apparaît clairement que le
système du colonat partiaire resta en vigueur ici ou là jusque vers la moitié de
l'Empire d'Occident. On lit, par ex., dans GAJUS: « Apparet autem de eo nos colo-
num dicere, qui ad pecuniam numeratam conduxit ; alioquin partiarius colonus » (*Digeste*, L. XIX, t. II, « Vis maior »). Et dans ULPIEN cette phrase, citée plus haut : « Aut
agrum politori damus in commune quaerendis fructibus » (*Digeste*, L. XVII, 5, II, « Pro
socio »). On trouve également dans le JUDEX (L. 24, 81, « In lege ») : « Qui vero partem
fructuum in pensionem pendunt, non pecuniam, dicuntur partiarii coloni ».

(3) E. GIBBON, *Storia della decadenza e rovina dell' Impero Romano*, p. 51.

sont cultivés par les serfs au lieu de l'être par les esclaves, parce que les barbares, comme avant la domination romaine, ne trouvent de procédé plus pratique pour tirer parti du sol conquis que d'y laisser les vaincus. Mais lorsque les serfs furent affranchis et que le système féodal du travail personnel obligatoire cessa d'exister, les propriétaires les transformèrent dans certaines régions en salariés, dans d'autres en colons. Enfin vient l'époque où le colonat se généralise.

Ce sont ces trois époques que nous allons considérer maintenant.

a) *Le système féodal du travail personnel obligatoire adopté par les barbares pour tirer parti des vaincus.*

Bien que le colonat partiaire soit resté en usage jusqu'à la fin de l'Empire, il ne fut plus pourtant la forme dominante de contrat agricole. Les travaux de la terre étaient encore confiés aux esclaves. Les *latifundia* romains devinrent, selon l'avis de M. Passalacqua (1), interprète des idées socialistes, par un développement naturel, les fiefs du Moyen-Age, transmissibles par fideicommis ou ordre de primogéniture. De l'esclavage de l'homme on passa à l'esclavage de la glèbe, ajoute M. Loncao (2). La population barbare des invasions était trop pauvre pour se servir d'esclaves, ou de travailleurs salariés. Il arriva donc que les envahisseurs lièrent les vaincus à la terre. Le travailleur fut obligé non seulement de fournir le travail nécessaire pour son entretien, mais de subvenir à celui de son propriétaire ; il ne lui était permis de travailler pour son compte que certains jours de la semaine, il devait consacrer tous les autres à l'exploitation du sol de son seigneur qui était dans l'espèce un particulier, une commune, un évêché, un chapitre ou un monastère.

---

(1) PASSALACQUA, *La colonia parziaria in Italia*, Naples, Perrotti, 1890, pp. 52 et 74.
(2) E. LONCAO, *Il lavoro e le classi sociali in Sicilia durante e dopo il feudalismo*, Palerme, Reber, 1900, p. 2.

16

b) *Affranchissement des serfs transformés en salariés ou en colons vers le milieu du Moyen-Age.*

Les terrains libérés plus tard du servage féodal et devenus propriétés allodiales, c'est-à-dire librement disponibles, se transformèrent, dans certaines régions, par le fait d'une évolution dépendant de causes spéciales, en vastes *latifundia* qui existent encore de nos jours ; et les paysans libres devinrent des ouvriers salariés. Dans d'autres régions, au contraire, les propriétaires pratiquèrent à l'égard des paysans le système de la participation au rendement, comme rétribution de leur travail ; la propriété commença ainsi à se fractionner en certains endroits de l'Italie. Les propriétaires trouvaient dans le métayage un contrat qui exigeait d'eux une activité et une surveillance moindres que celles que réclamait l'exploitation par des esclaves.

Mais il est certain, comme l'affirme M. Bertagnolli (1), qu'à la chute de l'Empire le système féodal de la rétribution du colon en travail personnel prévalut encore, ainsi que, dans une proportion presque égale l'*emphytéose* que les canonistes appellent *contractus meliorationis*.

c) *Généralisation du colonat vers la fin du Moyen-Age.*

C'est surtout après le milieu du Moyen-Age que le colonat partiaire commença à se généraliser. La Constitution de S.t Marin du XIe siècle (*Leges et Statuta Reipublicae Sancti Marini*, Rubr. 48) décrète : « Teneatur colonus... de eis (c'est-à-dire des produits) duas facere partes et illi electionem dare qui eas locavit, vel suo nuncio, vel suis heredibus, capiendi quam de dictis partibus voluerit ». Nous trouvons une formule identique dans les *Statuta communis et populi civitatis Exii* (Jesi), Rubr. XII, 73. Bertagnolli cite deux documents, qu'il croit

(1) BERTAGNOLLI, *La colonia parziaria*, p. 32.

être les plus anciens en la matière, l'un de l'année 866, l'autre de 889. Le premier est un contrat passé entre Valbertus, évêque de Modène, et Giovanni, colon libre ; il établit que « *ex omnigena re, grano grosso modio quarto, minuto autem modio quinto, lino manna quinta, vino medietatem* » (MURATORI : *Antichità del Medio Evo* diss., XIII).

D'après le second de ces documents, conservés dans le Cartulaire de l'Archevêché de Ravenne, le propriétaire se reserve « *grano modio quarto, minuta et legumina modio quinto ; vino medietatem, lino manna quarta* » (FANTUZZI : *Monumenti Ravennati*, I.).

Le colonat partiaire commença aussi à se pratiquer à cette époque dans le Milanais, le Padouan, sur les territoires de Verceil, Bergame, Brescia, Vicence et Conegliano ; il était commun dans les terres de Biandrate, Vigevano, dans la Valteline, la Camonica, le Cadore, à Vérone, Bassano et Bellune ; plus tard il existait, mais un peu moins répandu, dans la vallée d'Aoste, dans le Frioul, dans les terres de Bagolino de Schio.

Mais le colonat partiaire ne commença à se répandre définitivement qu'au XIIᵉ siècle, et plus encore au XIIIᵉ. Il se généralisa à tel point dans l'Italie Centrale, contrairement à ce qui c'était passé dans l'Italie du Nord, qu'il supplanta bientôt presque complètement le fermage. Il prit dès lors d'une manière presque définitive la forme de métayage, tandisque dans les Statuts des villes de l'Italie Septentrionale, cités plus haut, il n'est jamais parlé de métayage mais toujours de colonat partiaire.

En effet en Toscane les premiers documents relatifs au métayage que nous rencontrons sont deux actes florentins des années 1250 et 1251. Vers le même temps à Sienne il en est fait mention dans les Statuts de cette commune (1256). Un document de 1258, trouvé dans les archives du Dôme de cette ville, contient la formule d'un contrat de louage d'un terrain avec la clause suivante : « *Salvo et dicto expressum inter me et te, quod si intra dictum tempus res praedicta devastaretur ab inimicis communis Senarum, vel degradaretur, non teneraris solvere affictum pro illo anno, sed tenearis mihi dare medietatem bladae et vini ».*

En ce qui concerne la Toscane, M. P. Capei (1), dit: « Après que les colons eurent été détachés de leurs terres et que les dispositions du Droit Romain à leur égard, modifiées par les coutumes germaniques et féodales, eurent été annulées, les seigneurs laïques et éclésiastiques donnèrent leurs terres à cultiver à leurs anciens colons, moyennant une rétribution annuelle en argent ou en nature, particulièrement en blé ». Et ce fut principalement le besoin éprouvé par tout le monde de protéger les plantations qui fit peu à peu disparaître les différents systèmes de louage pour les remplacer, en Toscane, par le métayage. Cette évolution se fit au XIII⁰ siècle et dans les siècles suivants.

Gino Capponi (2) ajoute que l'origine de ce système de contrat est une conséquence de la liberté et non du servage et qu'il entra en vigueur en Toscane à l'époque la plus glorieuse des Communes italiennes, alors que l'égalité des droits des citoyens y était la plus grande.

A partir des XI⁰, XII⁰, XIII⁰ siècles nous voyons le métayage en progrès constant hors de la Toscane. Dans les Statuts de Padoue, codifiés de 1200 à 1285, il est considéré comme très important. Il en est de même dans ceux de Milan et de Novare qui, bien que codifiés en 1502 et en 1511, remontent toutefois au XII⁰ et XIII⁰ siècles. Le sénateur Lampertico (3) nous montre le *Jus Municipale Vicentinum* assurant longuement au propriétaire la protection de la loi contre ceux auxquels il a donné « *possessionem ad laborandum et ad partem reddendam* »; et par ces mots il entend ceux que nous appelons aujourd'hui *métayers.*

---

(1) P. Capei, *Origine della mezzadria in Toscana*, Bibliot. dell'Economista, Turin, 1860, série II, vol. II, p. 596.

(2) G. Capponi, *Sui vantaggi e svantaggi della mezzeria*, Biblioteca dell'Economista, série II, vol. II, p. 580.

(3) D. Lampertico, dans l'« Enquéte Agraire parlementaire »: *Studi e notizie sull'Economia agraria dei distretti di Vicenza, Lonigo, Barbarano*, Forzani, 1882, Rome, p. 307.

Mais il faut remarquer que le colonat partiaire ne se trouve nommé au Moyen-Age dans aucun des Statuts de la Sardaigne, ni dans ses constitutions, lois ou pragmatiques. Il en est de même pour la Sicile (1). Là les communes n'étaient pas des organismes moraux, comprenant tous les citoyens (2), mais des leviers puissants entre les mains de quelques-uns pour l'accumulation des richesses. Au servage de la glèbe on substitua, dans ces régions, l'emphythéose, qui contribua à augmenter le nombre des *latifundia,* et le salariat agricole. C'est ainsi qu'il ne resta plus trace de petites cultures et de petites entreprises agricoles.

Tel fut aussi le sort de la Calabre, de la Basilicate et des Abruzzes. Le métayage en somme ne prit pied que dans l'Italie Centrale et Septentrionale ; et plus spécialement dans la première, où il resta pendant toute l'époque moderne le système prédominant et presque unique de culture. Toutefois dans le Latium, à peu près entièrement composé de pâturages, il ne se répandit que dans des proportions très modestes, ne pouvant rivaliser efficacement avec le grand fermage.

SECTION II.

État actuel du métayage en Italie.

Le métayage est actuellement répandu dans une bonne moitié de l'Italie, et fait vivre, au dire des statistiques officielles, le 20 % des travailleurs de la terre, qui eux mêmes forment le 13 % de la population italienne qui travaille. (Voyez le dernier recensement de 1901, vol. V, p. 135).

« D'après ce recensement, dit M. le sénateur Faina (3), les familles des agriculteurs auraient une composition moyenne

---

(1) MONOITORE, *Monumenta historica sacrae domus SS. Trinitatis urbis Panormi,* Riccardo, 1721.

(2) E. LONCAO, *Il lavoro e le classi sociali in Sicilia durante e dopo il feudalismo,* Palerme, Reber, 1900, p. 43.

(3) E. FAINA (sénateur), « Nuova Antologia » du 16 Mai 1905 : *Guadagno del colono.*

de 4, 9 personnes, et les familles des ouvriers industriels de 4, 3. Ces moyennes ne sont toutefois pas applicables aux familles des métayers, considérées comme unités contractuelles; celles-ci ont une composition moyenne de plus du double, comme il est dit dans le recensement. Par conséquent le nombre des métayers, en comparaison des autres agriculteurs et des ouvriers en général, est aussi plus grand que celui qui est indiqué ».

Statistique des métayers par départements.

Pour faire ressortir l'état actuel du colonat partiaire en Italie et pour rendre plus clair ce que nous dirons dans les chapitres suivants, nous présenterons ici le groupement adopté par la Direction Générale de l'Agriculture en Italie, pour les statistiques comparatives.

Il se compose de douze *regioni* qui correspondent à peu près aux anciens États du Nord et du Centre, et aux répartitions territoriales des États Pontificaux et du Royaume des Deux Siciles. Ces *regioni* ou départements (*compartimenti*), comme on les appelle officiellement), sont:

1. *Piémont* (Prov. d'Alexandrie, Cuneo, Novare, Turin).

2. *Lombardie* (Bergame, Brescia, Côme, Crémone, Mantoue, Milan, Pavie, Sondrio).

3. *Vénétie* (Bellune, Padoue, Rovigo, Treviso, Udine, Venise, Vérone, Vicence).

4. *Ligurie* (Gênes, Massa-Carrara, Port Maurice).

5. *Emilie* (Bologne, Ferrare, Forli, Modène, Parme, Plaisance, Ravenne, Reggio-Emilia).

6. *Marches et Ombrie* (Ancône, Ascoli Piceno, Macerata, Pérouse, Pesaro).

7. *Toscane* (Arezzo, Florence, Grosseto, Livourne, Lucques, Pise, Sienne).

8. *Latium* (Rome).

9. *Adriatique Méridionale* (Aquila, Bari, Campobasso, Chieti, Foggia, Lecce, Teramo).

10. *Méditerranée Méridionale* (Avellino, Bénévent, Caserte, Catanzaro, Cosenza, Naples, Potenza, Reggio de Calabre).

11. *Sicile* (Caltanisetta, Catane, Girgenti, Messine, Palerme, Syracuse, Trapani).

12. *Sardaigne* (Cagliari, Sassari) (1).

Cette division, purement administrative, facilite la recherche, la réunion et l'exposé des renseignements statistiques.

Voyons maintenant quels sont les départements où se trouve le plus grand nombre de métayers ; nous aurons par là un indice utile, sinon complet, de l'importance du contrat de métayage dans ces régions.

Nous trouvons en Toscane 403.504 colons partiaires, puis viennent la Lombardie avec 285.006, les Marches avec 253.675, les Romagnes avec 180.714, la Vénétie avec 137.208, l'Ombrie avec 116.059. Nous tombons à 90.527 dans les Anciens Duchés, à 79.089 dans le Piémont et à 37.562 en Ligurie. Dans le Sud de l'Italie nous passons d'un maximum de 106.856 dans les Abruzzes et Molise, et de 89.773 dans la Campanie, régions d'ailleurs voisines de l'Italie Centrale, à un minimum de 9.970 en Basilicate, par les chiffres de 73.457 en Sicile, 58.299 dans les Calabres, 15.843 dans les Pouilles et 15.408 en Sardaigne (2).

Toutefois ces chiffres, s'ils peuvent nous donner une certaine idée de la diffusion du colonat partiaire en Italie, n'en restent pas moins insuffisants, puisqu'ils ne sont pas rapprochés des chiffres de superficie des divers départements. Nous trouvons de plus dans le recensement de 1901, où ils ont été puisés, un autre tableau, dans lequel les agriculteurs mâles sont classés, depuis 9 ans, par 1000, selon leur condition. Dans ce tableau nous relevons des renseignements plus sûrs, mais guère plus complets, sur la diffusion du métayage en Italie.

Nous relevons d'abord la proportion de 606 métayers pour 1000 agriculteurs dans les Marches, de 532 en Toscane, de 437

---

1) *L'iniziativa del Re d'Italia e l'Istituto internazionale d'Agricoltura — Studi e documenti*, Rome, 1905, p. 7.

(2) *Recensement de 1901*, vol. V, de p. 126 à p. 134.

en Ombrie et 421 dans la Romagne (partie méridionale de l'Emilie). Il ressort de ces chiffres que c'est dans ces pays là que se trouve, pour ainsi dire, le centre du contrat de métayage. En effet on descend à 249 pour 1000 en Lombardie, à 214 dans l'Emilie supérieure (Anciens-Duchés), 158 en Ligurie, 132 en Vénétie, et seulement 66 en Piémont.

En passant au Sud de l'Italie Centrale et à l'Italie Méridionale, nous en trouvons 153 pour 1000 dans le Latium, 170 dans les Abruzzes et Molise, 100 en Campanie, 111 en Calabre, 83 en Sicile, 70 en Sardaigne, 47 en Basilicate et 24 dans les Pouilles.

On le voit, le métayage est très fréquent dans les Marches, la Toscane, l'Ombrie, la Romagne, et presque nul dans les Pouilles, la Basilicate, la Sardaigne et le Piémont (1).

Étendue du métayage d'après une division plus simple.

Pour donner une idée plus synthétique de la répartition sur le territoire italien du métayage proprement dit, dont le type le plus pur nous est présenté par la Toscane, nous adopterons une division par quatre régions, et nous indiquerons successivement :

§ 1. — L'étendue du métayage dans l'Italie septentrionale.

§ 2. — L'étendue du métayage dans l'Italie centrale.

§ 3. — L'étendue du métayage dans l'Italie méridionale.

§ 4. — L'étendue du métayage dans les Iles.

§ 1. — *Étendue du métayage dans l'Italie septentrionale.*

Dans l'Italie supérieure (c'est-à-dire Piémont, Lombardie et Vénétie), le métayage qui autrefois sous forme de colonat partiaire dépassait de beaucoup les autres systèmes de contrats

---

(1) *Recensement de 1901*, vol. V, tabl. XXXIX et suiv.

agricoles, a presque entièrement disparu, ou tend à disparaître de la partie de la plaine qui s'étend sur la rive gauche du Pô, de Turin à son embouchure.

Dans la région Piémontaise nous le trouvons (1) communément en vigueur dans la province de Cuneo, et spécialement dans l'arrondissement de ce nom, où les autres contrats sont l'exception. Il est pourtant très peu en usage dans la zone des montagnes ; il se pratique au contraire beaucoup dans la zone subalpine et subapennine et dans les pays de colline. Dans la plaine, le métayage est répandu dans presque tout l'arrondissement d'Alba, de même que dans celui de Mondovi. Dans celui de Saluces il est peu pratiqué. Dans la province de Turin il a été aboli dans presque toutes les grandes propriétés ; il domine dans les petites. Il n'existe plus du tout dans l'arrondissement de Casale. L'arrondissement de Suze ne l'emploie qu'en plaine.

Dans la province d'Alexandrie, et spécialement dans l'arrondissement d'Acqui, on ne le trouve que là où les patrimoines sont de peu d'étendue, et où les propriétaires n'ont pas les moyens d'employer des agents. Il est peu en usage dans la province d'Aoste, de Novare, spécialement dans celle de Verceil, où dominent les grandes fermes.

En Lombardie, le métayage était autrefois beaucoup plus répandu. L'opposition des métayers aux progrès agricoles est une des causes auxquelles on attribue la perte de terrain de ce contrat au profit du grand fermage industriel (2).

Dans la province de Pavie, le métayage prévaut dans les arrondissements de Voghera et de Bobbio, surtout dans les endroits élevés et dans les domaines moyens. Mais il a cessé d'exister dans la partie basse de la province.

Dans la province de Côme on le rencontre surtout dans l'arrondissement de Lecco. Dans la province de Bergame, l'ar-

---

(1) *Enquête Agraire*, vol. VIII, tome I, pp. 548, 575, 581, 584 ; tome II, pp. 87, 331.

(2) *Enquête Agraire*, vol. VI, tome I, pp. 39, 54, 78, 133, 331, 466, 517 ; tome II, pp. 80, 633, 730, 855.

rondissement de Treviglio n'a presque que des métairies. On les trouve aussi en partie sur les collines et dans la haute plaine, y compris les régions irriguées.

Dans la province de Crémone, le métayage existe dans la partie élevée, pour les terres d'étendue moyenne. Mais dans la plaine il a disparu presque partout.

La province de Brescia compte deux arrondissements où il est en usage, celui de Salò et celui de Verola Nuova. Le premier l'a principalement en plaine et dans la *riviera benacense*; et dans l'autre arrondissement il s'agit plutôt de colonat partiaire que de métayage proprement dit.

Dans la province de Mantoue le métayage est assez rare.

Le haut Milanais où il était autrefois très en usage ne l'a conservé que pour les produits des arbres fruitiers et la culture des vers à soie; les produits immédiats de la terre sont soumis à un louage en nature. Le métayage complet est devenu l'exception.

Dans la province de Sondrio nous trouvons le métayage pour les fonds de grandeur moyenne, et notamment dans la basse Valteline.

Si nous quittons la Lombardie pour la Vénétie, nous rencontrons cette forme d'exploitation surtout dans la province de Vérone, où il est toutefois mélangé avec le colonat partiaire (1).

Dans la province de Vicence, les districts de Bassano, Asiago, Marostica et Thiene, offrent un mélange de métayage et de fermage pour les grands domaines.

Dans la province de Trévise, les districts de Conegliano, Oderzo, et Vittorio l'ont généralement adopté; dans ceux de Adria et d'Ariano au contraire il est assez limité et se transforme toujours plus en d'autres formes d'exploitation.

Le métayage prédomine dans la province de Bellune, et il est presque inconnu dans les provinces de Padoue, Rovigo, Udine et Venise.

(1) *Enquête Agraire*, vol. IV, p. 444; vol. V, tome 1, pp. 273, 618; tome 11, pp. 68, 195, 298.

Retournant à l'Ouest de la Péninsule : dans les communes intérieures de la Ligurie le métayage est le contrat le plus employé, mais tend pourtant à disparaître dans la province de Port-Maurice et spécialement dans l'arrondissement de San Remo (1).

Dans la province de Gênes il est répandu surtout dans l'arrondissement de Savone.

Dans celle de Massa et Carrara il est mélangé au fermage.

Dans la basse plaine Emilienne c'est le grand fermage industriel qui domine. Dans la province de Plaisance le métayage est inconnu en plaine et exceptionnel en montagne; dans la province de Parme et l'arrondissement de Borgotaro les propriétaires donnent généralement leurs terrains à des métayers ou à des colons partiaires. A Albareto le métayage prévaut; dans l'arrondissement de Vergato le colonat partiaire.

Dans la province de Reggio comme dans celle de Parme il est peu à peu remplacé par la *boaria* (2).

Dans les anciens Duchés en général (Parme, Plaisance, Modène et Reggio) le métayage tend à disparaître là où par hasard il existe encore.

Il en est de même pour les provinces de Bologne, Ferrare et Ravenne. Là aussi il cède la place à la boaria.

§ 2. — *Étendue du métayage dans l'Italie Centrale.*

On peut dire de l'Italie Centrale, en général, que le contrat de métayage y est le contrat agricole à peu près exclusivement en usage (3).

---

(1) *Enquête Agraire*, vol. X, pp. 218, 219, 226, 647, 767, 795.

(2) La *boaria* se base sur le salariat et comprend tout contrat dans lequel le salaire peut être payé aussi en nature, en participant même, dans certains cas, par voie de répartition, directement aux produits. Les traits caractéristique sont en somme : pour le métayage, l'association du capital au travail; pour la *boaria*, la soumission de celui-ci au premier.

(3) *Enquête Agraire*, vol. III, pp. 458, 463, 649; vol. XI, tome XI, pp. 191, 571, 1031, 1033, 1070, 1037, 1039, 1041, 1048, 1055, 1062.

Il est en effet dans la province de Forli (Romagne), dans les Marches (prov. d'Ancône, Ascoli Piceno, Macerata et Pesaro), dans l'Ombrie (Pérouse), exception faite de quelques points de montagne où l'on pratique la *terzeria*; et surtout en Toscane (prov. d'Arezzo, Florence, Livourne et Sienne), exception faite de la plaine de Pistoia, où se pratique un système mixte, spécial à cette région, et de la province de Grosseto, où pourtant le métayage commence maintenant à se répandre.

Le Latium (Rome) ne connait pas ce contrat, bien qu'appartenant à l'Italie centrale.

§ 3. — *Étendue du métayage dans l'Italie méridionale*.

En descendant dans les Abruzzes (1), nous commençons à retrouver le fermage comme contrat agricole dominant. Il ne faut pourtant pas comparer ce fermage avec ceux en usage dans l'Italie du Nord, qui s'appuient sur de gros capitaux d'exploitation et ont une forme éminemment industrielle. Il s'agit ici très souvent d'un fermage à perte pour le propriétaire, ruineux pour le preneur et guère meilleur pour la production. On rencontre cependant par ci par là des contrats de colonat partiaire et même de métayage. Dans la province d'Aquila, par ex., et particulièrement dans l'arrondissement de Città Ducale, ce contrat se trouve dans les quatre communes de Leonessa, Antrodoco, Borgo Collefegato, et Lugnago.

Dans la province de Chieti, l'arrondissement de ce nom a adopté depuis peu de temps le métayage; mais il commence déjà à disparaître du fait qu'il ne satisfait pas les exigences des propriétaires. On trouve par endroits le métayage dans l'arrondissement de Lanciano; dans celui de Vasto c'est le colonat partiaire qui est le plus répandu.

Dans la province de Teramo et dans l'arrondissement de

---

(1) *Enquête Agraire*, vol. XII, tome I, p. 143; tome II, partie I, p. 305; partie II, p. 103.

Penne, le métayage et le fermage se trouvent dans des proportions égales.

Dans celle de Campobasso, l'arrondissement de cette ville
ne possède ce contrat qu' accidentellement; dans celui de Isernia
au contraire on le trouve à l' exclusion de tout autre.

Dans les Pouilles (prov. de Foggia, Bari, et Lecce) le métayage est presque inconnu.

Dans la Campanie il est en usage, mais il ne domine pas (1).

Dans la province de Caserte, seul l'arrondissement de Sora
le met en pratique, mais non exclusivement; dans celui de
Piedimonte d'Alife il est beaucoup moins répandu. Dans l' arrondissement de Gaëte il n' existe pas.

Dans la province de Salerne le métayage se trouve à
Vallo di Lucania, et, mais en petite partie, dans la Terra di
Lavoro.

Nulle trace de métayage ni en Basilicate ni dans les Calabres.

§ 4. — *Étendue du métayage dans les Iles.*

En Sicile (2), bien que l' on rencontre assez souvent des
métayers, presque tous d'ailleurs sousfermiers, on ne peut pas
dire qu' ils soient liés par un contrat de métayage pur. Le
contrat qui les engage, les lie au *gabellotto*, espèce de gérant
auquel le propriétaire du *latifundium*, qui ne vise qu'à se procurer une rente plus ou moins fixe, loue ses domaines, parcequ' il trouve en lui une garantie. La spéculation du *gabellotto*
fait augmenter le prix de la terre, qui, partagée, est louée à
des métayers ou à des colons partiaires (qui en certains endroits doivent une redevance d' $1/_6$) ou encore à des sous fermiers.

Le métayage que nous trouvons en Sardaigne n' est guère

---

(1) *Enquête Agraire*, vol. VII, pp. 158, 4/3.

(2) *Enquête Agraire*, vol. XIII, tome I, partie II, p. 644.

différent. La plupart du temps il est mélangé avec le fermage (1).

Il faut bien remarquer, pour finir, qu'en parlant du métayage du Midi de l'Italie nous entendons indiquer une forme
vague et rudimentaire de ce contrat agricole, bien éloignée
du type classique que nous trouvons dans les Marches, en Toscane et en Ombrie. Dans les régions méridionales en effet,
pour ne parler que de certains éléments essentiels du métayage, il est bien rare que le paysan ait son habitation sur le
terrain même qu'il doit cultiver, comme cela a lieu dans l'Italie centrale, où les maisons rurales constituent une des premières dépenses que les propriétaires fassent sur leurs terres.
La participation au rendement se fait tantôt pour une culture,
tantôt pour une autre, sans stabilité ni uniformité. En outre,
s'éloignant souvent du principe de la division par moitié, la
participation finit par devenir un véritable salaire en nature,
de façon qu'il nous est permis d'en conclure que c'est plutôt
le fermage qui domine dans le Sud de l'Italie et dans les Iles.

A l'appui de ces indications nous voulons produire ici
comme resumé général quelques lignes de l'étude faite par le
Chevalier V. Stringher pour l'Institut International d'Agriculture (2):

« Le colonat partiaire domine en Toscane, dans les Marches et en Ombrie; il prévaut sur les autres systèmes dans
l'Emilie et se trouve encore fréquemment dans les régions
submontagneuses de la Lombardie, de la Vénétie, dans les
Abruzzes et Molise, et en Campanie et en Sicile, mais seulement dans les domaines de petite étendue. Il est peu en usage
dans la Basilicate, les Pouilles, la Calabre et la Sardaigne. Il
disparaît presque entièrement de la province de Naples et de
celle de Bari. Tandis que dans les pays classiques de colonat
partiaire, en Toscane, en Ombrie, dans les Marches et la Ro-

_____

(1) *Enquête Agraire*, vol. XIV, p. 323.
(2) *L'Iniziativa del Re d'Italia e l'Istituto Internazionale d'Agricoltura — Studi
e documenti*, Rome, 1905, p. 113.

magne, la division des produits se fait par moitié, en Lombardie et en Vénétie le métayage se combine avec le fermage,
celui-ci visant les produits du sol, celui-là s'appliquant aux
fruits, aux racines et aux vers à soie. Dans l'Italie du Sud et
dans les Iles le partage ne se fait généralement pas par moitié,
mais suivant la fertilité des terrains et la nature des cultures ;
et encore n'est-il le plus souvent employé que pour les terrains
ensemencés. Les contrats de colonat ne manquent pas dans la
province de Rome, particulièrement autours de Viterbe et sur
le territoire de Frosinone ; en ce dernier endroit, comme sur
le territoire de Velletri, le colonat est employé dans un but
d'amélioration. En Sicile, dans bien des cas le fermage et le
métayage se pénètrent l'un l'autre par le moyen des sous lo-
cations ».

Note. — Tout ces renseignements sur le développement moderne du métayage
en Italie nous ont été fournis : par BERTAGNOLLI (*La colonia parziaria*, Rome, Bar-
bèra, 1877) ; par l'*Enquête Agraire Parlementaire de 1882* ; par une publication de la
Société des agriculteurs italiens (*L'Italie agricole à la fin du XIXme siècle*) ; par MA-
RENGHI (*La funzione sociale della proprietà e il soverchio frazionamento della terra*,
Plaisance, 1906) ; par le Chevalier STRINGHER (*Istituto Internazionale d'Agricoltura :
Studi e Documenti*) etc. etc. ; et enfin au moyen de notre enquête personelle.

CHAPITRE II.

INTRODUCTION JURIDIQUE

CHAPITRE II.

Introduction juridique

Après avoir donné une idée de l'origine et du développement historique du contrat de métayage en Italie, nous voudrions rappeler ici les traits essentiels de la physionomie juridique de ce contrat.

Pour plus de clarté nous diviserons nos explications sur ce point en quatre sections:

SECTION I. — Nature juridique et définition du contrat de métayage.

SECTION II. — Formation du contrat de métayage.

SECTION III. — Exécution du contrat de métayage.

SECTION IV. — Extinction du contrat de métayage.

SECTION I.

Nature juridique et définition du contrat de métayage.

La première question qui se pose au sujet du contrat de métayage est la détermination de la nature de ce contrat.

Le contrat de métayage semble participer de la nature de deux autres: le contrat de société et le contrat de louage.

En doctrine certains auteurs ont voulu le rattacher soit à l'un, soit à l'autre.

3

Première opinion. — Le métayage est un contrat de société.

Cette thèse a été défendue par le fameux jurisconsulte français Troplong (1), en se basant sur les raisons suivantes : que d' une part le propriétaire met en commun la jouissance de ses terres et fournit ordinairement le bétail, et de l' autre le métayer apporte son travail, son industrie et ses soins. Tous deux fournissent les semences par moitié et ils partagent les fruits dans la même proportion. Une autre raison, ajoute-t-il, qui doit faire écarter la dénomination de bail à ferme, c' est qu' il n' y a ici aucun prix dans le sens exact du mot ; car il faut que le prix soit dû par le fermier, et ici le colon ne le doit pas ; c' est la terre qui le paye, c'est le propriétaire qui le prend sur sa propre chose, non à titre de loyer, mais à titre accessoire de la terre qui lui appartient. En outre, dans le bail proprement dit, la jouissance exclusive appartient au fermier ; ici elle est plutôt commune entre le bailleur et le preneur. Troplong cite enfin à son appui plusieurs auteurs français et italiens, parmi lesquels Bartolo et Cujas (2).

Deuxième opinion. — Le métayage est un contrat de louage.

Tout à fait différente est l'opinion du jurisconsulte français Duvergier, qui affirme non seulement que le colonat partiaire est un contrat de louage, mais encore qu' il contient des éléments qui répugnent à l' essence même de la société. Duvergier se base sur l' idée que le numéraire, étant rare dans les

---

(1) TROPLONG, *Le droit civil expliqué suivant l' ordre du code*, Bruxelles, Soc. Typogr. Belge, 1845: *Du contrat de louage*, p. 275. Voir aussi : TOURDONNET, *Traité du métayage* ; BORDIGA, *Corso da Economia Rurale*, p. 245 ; SISMONDI, *Cenni Storici* etc., vol. I, pp. 180 et suiv.; RUBBENO, *Il contratto di mezzadria*, p. 74.

(2) Un des plus récents écrivains sur le métayage en Italie, M. BASTOGI, *Una scritta colonica*, Florence, 1903, p. 23, abonde en ce sens, mais avec des arguments bien plus sociaux que juridiques. « Si les controverses doctrinales, dit-il, ont empêché jusqu'ici que le caractère de société du métayage ait été déclaré, il n'en reste pas moins vrai qu' en fait le métayage type est en Toscane une société ; il vit, fonctionne et se développe comme tel entre propriétaire et colon, et il est considéré comme tel par les deux parties ».

campagnes, les cultivateurs préférèrent donner comme prix des terres une partie des fruits qu' ils en retiraient. Ce fait fut accepté avec complaisance par les propriétaires, parcequ' ils y trouvaient une garantie pour le paiement du bail, qui par conséquent ne perdait pas son caractère de bail. Le Droit Romain, ajoute Duvergier, a sanctionné et reconnu les effets du louage dans ses conventions. Et poussant encore plus loin son raisonnement, il dit : « Certains auteurs ont cru voir une société dans le colonat partiaire ; nous lisons dans Cujas : *Si quis colono agrum colendum det ut partiantur fructus, non contrahitur locatio sed societas, nam locatio fit mercede, non partibus rei.* Mais ce contrat contient évidemment un élément qui est contraire à l' essence même du contrat de société. Le locataire n' est exposé au risque d' aucune perte et a toujours le droit de toucher une part des bénéfices. Il peut arriver même qu' il touche cette part, là où le colonat serait en perte, dans le cas, par exemple, où la part des fruits qui lui revient est inférieure aux frais de culture (1) ».

Troisième opinion: intermédiaire.

L' opinion du grand jurisconsulte Baldo est que le colonat ne participe entièrement ni aux règles de la société ni à celles du louage. L' intention du propriétaire est de toucher les produits en nature, l' intention du colon est de tirer un bénéfice de ses travaux et de son industrie par le moyen d' une perception déterminée de produits. L' intention des deux parties est donc loin de n' importe quelle idée de spéculation, capable d' établir en principe une société. De telle sorte, conclut Baldo, que le métayage se rapproche davantage du louage que de la société, bien qu' il n' y soit pas question d' une contre-prestation en numéraire.

Avec Baldo s' accordent les jurisconsultes français Favre et Coquille et dans un certain sens Marcadé (2), qui arrive à

(1) DUVERGIER, *Du louage*, p. 99.
(2) MARCADÉ, *Explication du Code de Napoléon*, vol. III, p. 2.

cette conclusion très judicieuse, à notre avis : « Le colonat tient du louage et de la société ; du louage parceque le colon cultive seul le fonds et il le cultive en laissant au propriétaire la moitié des produits comme prix du louage ; de la société parce que le propriétaire met en commun la jouissance de ses terres en fournissant généralement la moitié des semences pour recueillir la moitié des produits, tandis que le colon donne son travail et son industrie. On peut donc dire qu'il y a mélange des deux contrats ».

Cette situation de plus ou moins grande analogie devrait nous faire conclure, d'après Marcadé, que loin de considérer le métayage comme un dérivé du contrat de société ou du contrat de louage, on devrait plutôt le regarder comme ayant une existence à lui, propre et indépendante, comme un contrat *sui generis.*

Définition juridique du contrat de métayage.

Après avoir essayé de dégager la physionomie juridique un peu incertaine du contrat de métayage, contentons-nous de le définir simplement, comme le fait la Loi française du 18 juillet 1889, dans son art. 1.: « Un contrat par lequel le possesseur d'un héritage rural le remet pour un certain temps à un preneur qui s'engage à la cultiver, sous la condition d'en partager les produits avec le bailleur ».

Section II.

Formation du contrat de métayage.

Le contrat de colonat ne concerne pas seulement la production naturelle, mais aussi, surtout en Italie, le commerce du bétail et parfois aussi certaines industries. Aussi bien nous semble-t-il nécessaire d'avoir sous les yeux la théorie générale du consentement, qui forme le premier des éléments constitutifs de tout contrat.

Aucune forme n'est spécialment prescrite par le Code italien en vue de la manifestation du consentement dans le contrat de colonat. Il peut être indifféremment manifesté par une convention notariée, par un acte sous seing-privé, par lettre, ou de vive voix. Toutefois, à l'égard de ces divers moyens d'expression, l'art. 1341 du Code italien dit : « La preuve par témoins d'un contrat ayant un objet dont la valeur excède 500 *lire* (francs) n'est pas admise, quand bien même il s'agit de dépôts volontaires, etc... ». Il est donc établi que si d'un côté pour l'existence d'un contrat de colonat, la manifestation du consentement n'est soumise à aucune formalité, cette absence de formalité peut dans quelques cas devenir dangereuse.

En général l'intérêt de toute *colonia* italienne est supérieur à 500 frs. Par conséquent si un contractant, après avoir stipulé un contrat verbal, essuie de la part de l'autre partie un refus d'exécution, il ne pourrait avoir recours à la preuve par témoins pour justifier la convention passée.

Le Code français ne prescrit pas non plus une forme d'expression du consentement. A l'art. 1714, dans la première section du chapître II, titre VIII, où l'on traite des règles communes au louage des maisons et des terrains, on lit : « On peut louer ou par écrit ou verbalement ». Et à l'art. 1715 : « Si le bail fait sans écrit n'a encore reçu aucune exécution et que l'une des parties le nie, la preuve ne peut être reçue par témoins, quelque modique qu'en soit le prix et quoiqu'on allègue qu'il y a eu des arrhes données. Le serment peut seulement être déféré à celui qui nie le bail ». Et à l'art. 1716 : « Lorsqu'il y aura contestation sur le prix du bail verbal dont l'exécution a commencé, et qu'il n'existera point de quittance, le propriétaire en sera cru sur son serment, si mieux même le locataire demandait l'estimation par experts ; auquel cas les frais de l'expertise restent à sa charge, si l'estimation excède le prix qu'il a déclaré.

Exécution du contrat de métayage.

Nous diviserons cette section en deux paragraphes :
§ 1. — Obligations des parties.
§ 2. — Droits des parties.

§ 1. — Obligations des parties.

a) *Obbligations du bailleur.*

Le bailleur est tenu de livrer au preneur la chose louée
dans sa quantité promise, pour le temps voulu et en état de
répondre à l'usage que ce dernier doit en faire. Lorsque, par
exemple, sur le fonds loué se trouve une maison, il a le devoir
de la remettre aussi dans un état suffisamment hygiénique
pour permettre le logement des colons, et capable de satisfaire
aux nécessités de l'exploitation, c'est à dire avec des locaux
aptes à recevoir le bétail, des hangars, des remises etc... Le
propriétaire est aussi chargé de l'entretien des immeubles, suivant la prescription de l'article 1575, alinéa 2 du Code italien
de « maintenir la chose louée en état de servir à la destination pour laquelle elle a été louée ». Le Code rural français
s'exprime d'une façon presque analogue à son titre IV, art. 3:
« Le bailleur est tenu à la délivrance et à la garantie des
objets compris au bail. Il doit faire au bâtiment toutes les ré-
parations qui peuvent devenir nécessaires. Toutefois les répa-
rations locatives ou de menu entretien, qui ne sont occasionnées
ni par la vétusté ni par force majeure, demeurent, à moins de
stipulation ou d'usage contraire, à la charge du colon ». Comme
on le voit, cette dernière phrase renferme une disposition à la
charge du colon qui ne se trouve pas dans l'art. 1575 du Code
Civil Italien.

Ce Code s'exprime ainsi à l'art. 1648 : « La perte par cas
fortuit de tout ou partie de la récolte des produits divisibles

est supportée en commun par le bailleur et par le métayer, et ne donne lieu à aucune action en indemnité de l'un vis à vis de l'autre ». La Loi française du 18 juillet 1889 sur le bail à colonat partiaire dit à l'art. 9 : « Si dans le cours de la jouissance du colon, la totalité ou une partie de la récolte est enlevée par cas fortuit, il n'a pas d'indemnité à réclamer du bailleur. Chacun d'eux supporte sa portion correspondante dans la perte commune ». Comme on le voit clairement d'après ces textes, il ne résulte de ces pertes aucune obligation du propriétaire vis à vis du métayer puisque dans ce contrat la rétribution n'est pas fixée quant à sa quantité, mais elle se concrétise dans un chiffre déterminé lors de l'acte de la division.

b) *Obligations du preneur.*

Les obligations du colon sont contenues d'une manière générale dans l'article 1583 du Code Civil Italien, qui dit : « Le preneur a deux obligations principales : 1. Il doit user de la chose louée en bon père de famille, et suivant l'usage déterminé par le contrat, ou, en l'absence de contrat, pouvant se déduire des circostances. 2. Il doit payer le prix de la location aux termes convenus ». La Loi française de 1889, art. 4 : « Le preneur est tenu d'user de la chose louée en bon père de famille et suivant la destination qui lui a été donnée par le bail; il est également tenu des obligations spécifiées aux articles 1730, 1731, 1763 du Code Civil. Il répond de l'incendie, des dégradations et des pertes arrivées pendant la durée du bail, à moins qu'il ne prouve qu'il a veillé à la garde et à la conservation de la chose en bon père de famille. Il doit se servir des bâtiments d'exploitation qui existent dans les héritages que lui sont confiés et résider dans ceux qui sont affectés à l'habitation ».

Ces conditions sont essentielles pour une jouissance profitable du fonds. D'autre part, comme le propriétaire a visé dans le choix du preneur, son habileté personnelle, son honnêteté, le nombre et l'éducation des membres de sa famille, l'agriculteur est tenu de respecter ces motifs qui ont poussé le propriétaire à lui confier sa terre à colonat. Il ne pourra donc pas sous-louer sans son consentement, et il devra s'appliquer personnellement à l'exécution des travaux des champs. L'inobservation de cette obligation peut donner lieu à la résiliation du bail. Le Code Civil Italien dit à ce propos, à l'art. 1649 : « Le métayer ne peut ni sous-louer ni céder la métairie, si la faculté ne lui a été expressément consentie dans le contrat. En cas de contravention, le bailleur a le droit de reprendre la jouissance de la chose donnée à métayage, et le colon est condamné aux dédommagements du préjudice résultant de la non exécution du contrat ». Et le Code Français à l'art. 1763 : « Celui qui cultive sous la condition d'un partage de fruits avec le bailleur ne peut ni sous-louer ni céder, si la faculté ne lui en a été expressément accordée par le bail ». Et à l'art. 1764 : « En cas de contravention le propriétaire a droit de rentrer en jouissance, et le preneur est condamné aux dommages-intérêts résultant de l'inexécution du bail ».

Le bailleur en outre ne peut employer le terrain pour un usage différent de celui pour lequel il lui a été confié. A cet égard tant le Code français à l'art. 1729, que le Code italien à l'art. 1584, s'expriment catégoriquement.

§ 2. — *Droits des parties.*

Le droit substantiel des parties est le partage des fruits et des produits par moitié. Ce droit est déclaré par le Code Civ. It. à l'art. 1661 et par la Loi française de 1889 à l'art. 2 ; mais dans les deux pays le législateur a soumis cette disposition à la condition qu'il n'y ait pas stipulation ou usage contraire (art. 1654 du Cod. Civ. It. et art. 2 de la Loi française). En outre l'art. 10 de la Loi française concède au bailleur le privilège de l'art. 2102 du Code Civil Français sur les meubles, effets, bestiaux et portions de récolte appartenants au colon, pour le paiement du reliquat du compte à rendre par celui-ci.

Et le Code Civ. It. lui concède le même droit à l'art. 1958, N. 3.

La Loi française de 1889 donne en outre au bailleur un droit qui n'est pas exprimé par la loi italienne, quoiqu'on puisse le déduire, comme conséquence, de ses articles. La Loi française dit en effet à l'art. 5 : « Le bailleur a la surveillance des travaux et la direction générale de l'exploitation, soit pour le mode de culture, soit pour l'achat et la vente des bestiaux. L'exercice de ce droit est déterminé, quant à son étendue, par la convention ou, à défaut de conventions, par l'usage des lieux ». Finalement la Loi française concède un autre droit au propriétaire, c'est à-dire le droit de chasse et de pêche.

SECTION IV.

Extinction du contrat de métayage.

Le Code italien, dit à l'art. 1651 : « Le colonat, de quelque manière qu'il ait été établi, ne cesse jamais de droit ; mais le bailleur doit donner et le preneur accepter le congé au temps fixé par la coutume ». Des raisons d'économie agraire doivent manifestement avoir suggéré cette disposition au législateur. La prévision d'une longue durée du bail pousse le cultivateur à rendre le terrain de plus en plus productif et l'intéresse à l'accroissement des produits.

Les dispositions du Code français toutefois ne sont pas inspirées par le même esprit (V. art. 1774, 1775 et 1776 du Code Civil Français). La Loi française de 1889 exige le congé à l'art. 7 seulement en cas de vente.

Cependant en Italie même des circonstances imprévues peuvent produire la cessation du bail sans aucune résiliation ou autre déclaration. Cela arrive: 1. par la mort du preneur; 2. par le fait d'abus qui auraient pu s'introduire pendant la durée du bail.

L'art. 1653 du Code Italien et la Loi française de 1889, à l'art. 6, établissent qu'en cas de décès du colon le métayage

42

se dissout à la fin de l'année agraire courante. On voit clairement par ces expressions, que la mort du preneur ne brise ni n'interrompt les rapports légaux résultant du contrat pendant la période nécessaire pour amener les fruits à maturité et qu'en Italie elle dispense de la déclaration exigée pour la résiliation. Cette résiliation de plus ne suit pas toujours en Italie la mort du colon; si celle-ci, par exemple, arrive à la fin de l'année agraire, il ne serait pas juste que la famille doive abandonner de suite la ferme. En se basant sur cette considération, le législateur italien a sacrifié le principe fondamental de l'art. 1653 à l'exception suivante: « .... mais si la mort est survenue dans les quatre derniers mois, il appartient aux fils et héritiers du défunt, s'ils habitaient avec lui, de continuer le colonat pour l'année suivante; et, en absence d'héritiers habitants avec le défunt ou si ceux-ci ne veulent user de ce bénéfice, il appartient à la veuve du colon ».

APPENDICE

Le bail à Cheptel.

Sa nature.

Il nous semble avoir dit tout ce qui était nécessaire pour donner une idée du caractère juridique du métayage en Italie. Mais comme ce contrat (mode d'exploitation) ne peut se concevoir sans le bétail, et que en général, celui-ci n'est pas seulement, dans le métayage italien, un mode de production mais aussi un instrument de trafic, il nous faut maintenant parler d'un contrat qui se rattache à ceux de ce genre, c'est-à-dire du bail à cheptel ou *soccida*.

Le Code Civil Italien en donne cette définition à l'art. 1665: « Le louage à *soccida* (cheptel) est un contrat par lequel l'une des parties donne à l'autre un fonds de bétail pour le garder, le nourrir et le soigner sous les conditions convenues entre elles ». Le Code français s'exprime dans les mêmes termes à l'art. 1800.

Si l'on. analyse le caractère juridique de ce contrat qui a une intime affinité avec le métayage, il faut noter qu'il se rapproche sensiblement de la société, lorsque les deux parties mettent la moitié chacune du capital, et du louage lorsque l'un des contractants laisse jouir l'autre de sa propriété.

Le bail à cheptel apparaît en outre comme un louage d'ouvrage lorsque le preneur se charge de soigner les animaux à lui confiés.

Ses espèces.

Le Code italien comme le Code français classe le cheptel en :

1. Cheptel simple *(soccida semplice)*.

2. Cheptel à moitié *(soccida a metà)*.

3. Cheptel donné au fermier *(soccida coll' affittuario)* ; cheptel donné au colon partiaire *(soccida col mezzaiuolo)*.

4. Contrat improprement appelé cheptel *(soccida impropriamente detta)*.

Cheptel simple. — Le cheptel simple est un contrat par lequel une personne donne à une autre du bétail à garder, nourrir et soigner à condition que le preneur profitera de la moitié du croît et qu'il supportera aussi la moitié des pertes. Ce croît consiste autant dans les naissances survenues que dans la plus-value acquise par le bétail à la fin du contrat (Code Italien, art. 1669; Français, art. 1804, 1805). C'est dans ces trois mots, *garder, nourrir,* et *soigner* que résident les obligations du preneur.

Le louage à cheptel simple est né du manque de moyens du colon pour se procurer du bétail. Lorsqu'il sera arrivé à se constituer une petite fortune, il emploiera ses capitaux à l'achat de bestiaux, ce qui donnera lieu au cheptel à moitié.

Cheptel à moitié. — Cette seconde espèce est proche parente de la société. C'est ainsi que la qualifie le Code français. Les pertes partielles ou totales de bestiaux, de même que les bénéfices, y sont communes aux deux parties. *Res perit domino.* Toutes les autres règles du cheptel simple s'appliquent au cheptel à moitié.

Cheptel donné au fermier ou au colon. — Le cheptel donné par le propriétaire à son fermier est celui par lequel le propriétaire d'une métairie la donne à ferme à la charge qu'à l'expiration du bail le fermier laissera des bestiaux d'une valeur égale au prix de l'estimation de ce qu'il aura reçu (Code français, art. 1821). En pareil cas, grâce aux liens qui rattachent le bétail au fonds, il peut être considéré comme un immeuble par destination (Code italien, art. 413). Dans cette espèce de cheptel le preneur a droit à la participation aux profits et à l'accroissement du capital. Il doit soigner le bétail et le terrain en bon père de famille. Les droits du bailleur se limitent à la perception de la moitié du croît et des profits, et à retrouver à la fin du bail une valeur en bétail égale à celle qu'il avait au début. En cas de perte par cas fortuit, le Code italien, art. 1691, dit : « La perte, même totale, du bétail survenue par cas fortuit est toute entière à la charge du fermier s'il n'a pas été convenu autrement » (Code français art. 1825). Le cheptel finit avec le bail à fermage ou à colonat partiaire.

La troisième espèce de cheptel participe beaucoup de la nature du cheptel simple ; les règles de ce dernier lui sont imposées par la loi (Code italien, art. 1695 ; Code français, art. 1830). Il y a cependant cette différence que, tandisque dans le cheptel simple le bailleur doit non seulement avoir soin du bétail mais le nourrir et le garder à ses frais, dans le cheptel donné au fermier au contraire toutes ces dépenses sont faites par le propriétaire, les attributions du premier se bornant au soin du bétail.

En général, dans le cheptel simple, la perte éventuelle du bétail est supportée par le bailleur. On pourrait penser que cette règle est également applicable au cheptel donné au fermier, selon l'adage : *res perit domino*. Mais les coutumes locales ont créé le principe que tant les profits que les pertes doivent être mis en commun.

Nous laisserons de côté le contrat improprement appelé cheptel, comme n'ayant aucune relation avec le métayage, objet de notre étude.

CHAPITRE III.

SOURCES ET PLAN DE CETTE ÉTUDE

CHAPITRE III.

Sources et plan de cette étude

————

Maintenant que nous connaissons les origines historiques et les conditions juridiques du contrat de métayage, nous exposerons dans un premier point la documentation de cette étude, et dans un second nous en donnerons le plan.

I. **Documentation.** — Il n'est pas facile de se documenter sur la situation du métayage en Italie. On se plaint un peu dans tous les pays des insuffisances de la statistique agricole ; en Italie ces insuffisances sont encore plus justifiées qu'ailleurs. En fait de statistiques agricoles nous ne possédions jusqu'en 1895 que les chiffres des recensements du bétail établis en 1876 et en 1881. De 1895 à 1903 le Ministère de l'Agriculture a fait établir les statistiques de production du froment, du maïs, du riz, du vin, de l'huile d'olive et des fruits acides, et c'est tout. La Direction Générale de l'Agriculture se contente de centraliser les autres renseignements intéressant l'agriculture qui lui sont transmis par les individualités ou les associations intéressées. Les chiffres provisoires sont publiés dans la *Gazzetta Ufficiale del Regno*, les chiffres définitifs dans le *Bollettino Ufficiale del Ministero dell'Agricoltura, Industria e Commercio* (1).

————

1) Ministero d'Agricoltura Industria e Commercio. — Direzione generale dell'Agricoltura. — *Per l'ordinamento della Statistica agraria in Italia :* Relazione a S. E. il comm. Cocco Ortu, Ministro d'Agric. Ind. e Comm., Roma, 1907.

L'*Annuario Statistico Italiano* se borne à les reproduire.

On peut espérer que la création de l'Institut International de l'Agriculture récemment fondé a Rome, grâce à l'initiative intelligente et à la munificence du roi d'Italie, Victor Emmanuel III, donnera un nouvel essor à la statistique agricole du pays. Un premier résultat a déja été obtenu. C'est a l'occasion de cette fondation que le Chevalier Stringher, Directeur de la Bibliothèque du Ministère de l'Agricolture, a écrit une intéressante étude dans l'ouvrage L'*iniziativa del Re d'Italia e l'Istituto Internazionale d'Agricoltura*. Studi e Documenti. Roma, 1905, où il résume toutes les données de la statistique que l'on possède jusqu'ici sur l'agriculture italienne. Ce volume nous a rendu de grands services (1).

Sur l'organisation même et sur les effets économiques et sociaux du métayage en Italie nous sommes heureusement plus favorisés au point de vue purement statistique. Nous avons à notre disposition un document très important et plein de renseignements utiles : c'est l'Enquête Agraire Parlementaire de 1881-1883. Les chiffres y sont déja anciens, mais elle reste toujours précieuse pour établir la physionomie du métayage en Italie.

Dès 1872 Agostino Bertani et 50 de ses collègues réclamaient à la Chambre des Députés une enquête sur la condition de la classe agricole et spécialement sur la condition des travailleurs de la terre. Dans leur esprit cette enquête devait donc être principalement sociale, mais le Parlement crut utile d'en élargir la cadre et de la faire porter aussi sur l'état de la propriété foncière, de la culture et de la production agricole. L'Italie est ainsi arrivée à posséder une enquête agricole qu'on peut rapprocher des grandes enquêtes analogues anglaises et françaises. Cette enquête décidée par le Parlement en 1877 fut confiée à une commission parlementaire qui a étudié la situation de l'agriculture italienne dans les douze grandes régions sui-

---

(1) Une statistique agricole est maintenant en Italie en train de se former.

vantes : Sicile, Calabres et Basilicate, Tyrrenienne méridionale, Pouilles, Abruzzes et Molise, Latium, Marches, Ombrie, Emilie, Piémont, Ligurie, Toscane, Lombardie, Vénétie, Sardaigne. Ses travaux ont été publiés en 1883 et ils remplissent quinze volumes in folios.

Les indications de cette enquête, même celles relatives à certains prix, comme ceux des denrées et du bétail ont moins vieilli qu'on pourrait le penser. Depuis l'Enquête, en effet, l'agriculture italienne a passé par deux phases successives : une phase de crise, puis la phase actuelle, au cours de laquelle les conditions du marché de bien de produits sont à peu près revenues à leur état antérieur.

En dehors des documents officiels nous avons pu consulter un certain nombre de publications privées qui nous ont renseigné à bien des égards sur la situation du métayage en Italie. Parmi ces ouvrages il nous faut signaler spécialement :

SONNINO S., *La mezzadria in Italia.*

BRUTTINI A., *Contribuzione alla conoscenza delle condizioni economiche dei mezzadri in Toscana.*

TOMMASINA ing. C., *L'ordinamento dell'azienda rurale.*

CAMBRAY-DIGNY, *La mezzadria toscana.*

CAPPONI G., *Sui vantaggi e svantaggi della mezzadria.*

FABBRINI G., *La crisi della piccola proprietà fondiaria in Italia.*

MARENGHI, *La funzione sociale della proprietà.*

GATTI G., *Agricoltura e socialismo.*

FAINA E., sénateur, *Guadagno del mezzadro* (Dans la *Nuova Antologia* du 16 mai 1905) (1) et d'autres.

II. *Division de cette étude.* — Nous diviserons en deux parties notre étude économique sur le métayage. Dans la première nous décrirons les traits essentiels de l'organisation du métayage dans les principales régions de l'Italie. Le lecteur

---

(1) Voir les renseignements bibliographiques précis dans la Bibliographie.

4

pourra ainsi se faire une idée des conditions générales du métayage italien et de ses principales variétés dans telle ou telle partie du territoire. Dans la seconde nous nous demanderons quels résultats le métayage a produits soit au point de vue économique soit au point de vue social.

Le point de vue économique sera traité dans un premier chapitre. Nous nous demanderons quelle influence le métayage exerce en Italie sur la production agricole brute d'abord, puis sur les frais d'exploitation et de main d'oeuvre.

Dans un second chapitre: Effets sociaux, nous essayerons de rechercher dans quelle mesure le métayage a pu influer soit sur la division de la propriété, soit sur le phénomène de la population.

Ces deux parties une fois épuisées, il ne nous restera plus, pour terminer, qu'à discuter brièvement les conclusions de notre travail.

PREMIÈRE PARTIE

Organisation du métayage

En parcourant les nombreux volumes de l'Enquête Agraire
Parlementaire nous avons remarqué qu'il règne depuis long-
temps en Italie une grande variété de contrats agricoles. Chaque région a le sien, qui se transforme sensiblement, non seulement de province en province ou d'arrondissement à arrondissement, mais encore de commune à commune et quelquefois
même d'un lieu à un autre. Il est difficile de donner une raison exacte de cette différence de forme entre des fonds parfois contigus; mais peut-être le sens pratique des Italiens n'y
est-il pas pour rien. Car le caractère de ces contrats ne nous
paraît pas dû au hasard mais bien aux conditions locales du
climat, du terrain, du marché, du voisinage ou de l'éloignement
des grands centres, qui ont suggéré telle espèce de culture
plutôt que telle autre. Et chaque culture, suivant qu'elle exige
un soin plus ou moins grand de la part du cultivateur pour
obtenir les produits qu'il désire, a déterminé le mode d'amo-
diation qu'il convenait d'adopter: métayage, faire-valoir à
l'aide d'ouvriers salariés, ou fermage.

Au point de vue des modes de tenure, l'Italie Centrale
forme cependant comme un îlot à part. Le colonat partiaire
y règne exclusivement, et c'est là que sont conservés dans
toute leur pureté les contrats types de métayage, qui ont excité
l'admiration de Sismondi, Roscher, Stuart-Mill et de tous ceux
qui ont vanté l'influence bienfaisante de ce mode d'exploitation des terres.

Aussi étudierons-nous d'abord l'organisation du métayage dans les quatre régions que comprend cette partie de l'Italie (Toscane (1), Marches, Ombrie, Romagne). Nous passerons ensuite à l'Italie du Nord, dont les types de ce contrat dans certains endroits se rapprochent en partie de ceux du Centre (Ligurie, Piémont, Lombardie, Vénétie, Emilie Supérieure, c'est à dire Anciens-Duchés). Puis nous terminerons par l'Italie du Sud (Campanie, Abruzzes, Basilicate, Calabres, Capitanate et Pouilles), et les Iles (Sicile et Sardaigne), qui s'éloignent complètement de l'organisation type du métayage en Italie.

---

(1) Suivant le mot de M. Sonnino, c'est en Toscane que ce contrat colonique se trouve appliqué dans sa forme la plus *achevée*. SINDNEY SONNINO, *La mezzadria in Toscana*, Florence, Tipografia della *Gazzetta d'Italia*, 1875, p. 181.

CHAPITRE PREMIER.

Le métayage dans l'Italie Centrale

La lecture des contrats écrits de métayage en usage dans cette région, ou, comme on dit là bas, les *polizze coloniche*, ne nous renseigne qu'incomplètement sur le régime du métayage. Ces contrats règlementent minutieusement les obligations du métayer, mais ils se confinent dans cet unique point de vue. De là, si l'on peut dire, un caractère unilatéral qui nous rappelle les temps féodaux, où l'on pensait bien plus à stipuler les obligations du travailleur qu'à lui reconnaître des droits. Force nous est donc de demander à la coutume tous les autres renseignements nécessaires pour compléter la physionomie du métayage.

Le métayage en Toscane. — La plus grande étendue de terrain est occupée en Toscane par les collines qui sont constituées en majeure partie de terrain tertiaire supérieur ou moyen (sables, argiles, marnes), appartenant en grande partie au plyocène. Mais il y a encore des collines sédimentaires du tertiaire antique dans les *Maremme* (1).

Pour ce qui concerne les conditions climatiques, si la chaleur, ce puissant facteur de la production agricole, ne manque

---

(1) Le Chevalier Stringher donne ces indications d'après des renseignements de M. l'ingénieur Zenzi, chef du Royal Bureau géologique italien, *L'iniziativa del Re d'Italia e l'Ist. Int. d'Agr.*, Rome, p. 18.

pas en Toscane, l'eau, non seulement d'irrigation mais aussi de pluie, y fait en bien des endroits défaut. La Toscane a un régime un peu indéterminé, tendant plutôt cependant au régime marin, avec un maximum de pluie en novembre et un minimum en juillet; parfois un maximum inférieur en avril et un minimum sur la fin de l'hiver (1).

A ces conditions géologiques, climatériques et orographiques on attribue généralement l'origine du métayage en Toscane (2). En effet, l'irrigation n'y étant pas possible à cause de l'incertitude des saisons, de la trop grande abondance des pluies dans les unes et de l'extrème sècheresse dans les autres, à cause des brouillards ou des gelées blanches, le débit des récoltes est trop variable d'une année à l'autre, et par conséquent le fermage n'a pas pu s'y établir avec profit; parce qu'il n'a pas pu s'y former une classe d'agriculteurs capitalistes, et parce qu'il fallait engager trop de capitaux pour pouvoir, avec l'obligation d'un loyer fixe, faire face à trois ou quatre années de perte. Ces conditions naturelles excluaient la spécialisation de la' culture et empêchaient les plantations industrielles de dominer; elles imposèrent une culture morcelée et mélangée juxtaposée à celle des arbres fruitiers. Cette culture s'appliqua aux plantations suivantes: Blé, maïs, fourrages (et par conséquent élevage du bétail bovin, ovin et produits de laitage et laine), vignes, oliviers, mûriers (avec fabrication directe du vin, de l'huile et élevage des vers à soie).

Les métairies en Toscane sont en général des exploitations de 5 a 15 hectares, dont chacune est fournie d'une maison rustique. Chaque fonds est cultivé par une ou deux familles, et dans ce dernier cas, familles de frères ou de cousins, sous l'autorité parfois du vieux père. Si la famille ne peut pas arriver à achever tous les travaux des champs, elle garde un domestique

---

(1) L. De Marchi, *Climatologia*, Hoepli, 1890.
(2) Cette thèse a été soutenue par Sismondi, Stuart-Mill, Roscher, Sonnino, Bastogi, Cambray-Digny et d'autres encore, comme on verra dans la suite.

pour l'année, et seulement pour les travaux plus urgents et pénibles elle emploie parfois la main d'oeuvre étrangére.

Il y a une classe de petits propriétaires qui habitent la campagne ou les villages et qui s'occupent de la direction de la culture sans intermédiaires. Les grands propriétaires ont des agents (*fattori*) auxquels ils confient cette direction; ces agents proviennent en partie des écoles pratiques d'agriculture.

Nonobstant la classification adoptée par la jurisprudence et la doctrine, le contrat de métayage en Toscane a en fait un vrai caractère de société. Il vit, fonctionne et se développe comme tel entre propriétaire et colon, et est considéré comme tel par les deux parties.

Le contrat est de la durée d'un an, mais en fait il se prolonge presque indéfinimment; et cette stabilité est garantie bien plus solidement et longuement par la coutume que par les conventions écrites.

Nous passerons maintenant aux conditions de ce contrat en Toscane.

Le propriétaire a à sa charge: les améliorations stables tendant à augmenter les rendements du fonds, les machines agricoles, les impôts fonciers.

Le colon a à sa charge les outils agricoles.

Le bétail est confié au métayer par le propriétaire, qui lui met en débit dans la comptabilité la moitié de sa valeur. La fourniture des semences est à la charge du colon dans les terrains les plus fertiles, et à la charge des deux parties en commun dans les terrains de qualité inférieure. A la charge des deux parties sont les semences jetées en terrain labouré à la bêche. Les semences éparses dans les terrains durs, qui étaient autrefois à la charge du seul colon, sont actuellement aussi fournies par moitié. Les deux parties fournissent les engrais.

La division par moitié des produits est absolue.

Quant à la mesure des prestations (*regalie*, journées de travail etc.), et à savoir si elles sont fixes ou proportionnelles, il n'est pas possible de donner ici une rèponse générale, tant les systèmes varient de métairie à métairie (1).

En prenant comme type de métayage italien la forme toscane de ce contrat, nous n'entendons pas affirmer qu'il ne se trouve pas en Toscane même des variations d'une certaine importance. Mais la substance demeure, et on ne rencontre de véritables exceptions que dans la plaine de Pistoia.

Dans l'arrondissement de Pistoia on rencontre le métayage parfait dans la région des collines et des montagnes. En plaine, où il n'existe pas de grandes tenures, on trouve le systéme suivant qui est propre à cette région.

Les charges du propriétaire et du colon sont identiques au reste de la Toscane pour ce qui concerne le capital.

Quant au partage des produits le cultivateur est à la fois fermier et métayer. Il est fermier en ce qui ce concerne les céréales, les produits secondaires du sol, tels que les cucurbitacées et les légumes, les bénéfices de la volaille et des porcs; des produits en blé il doit revenir au propriétaire une quantité de froment de bonne qualité, bien sec et criblé au butoir, quantité calculée d'après l'étendue totale du fonds et à tant par hectare. En compensation le colon a droit à la récolte du maïs et des haricots.

La fraîcheur des terrains de la plaine Pistoiaise, en assurant une deuxième récolte, rend ici possible ce contrat qui ne le serait pas ailleurs.

(1) A propos de ces droits *(regalie, appendizie* ou *onoranze)*, il est nécessaire d'ajouter qu'ils ne sont pas seulement un supplément que le métayer donne au propriétaire en plus de sa part de la production, mais plutôt un dédommagement pour ce que le cultivateur extrait du fonds en outre de sa moitié, et « comme le loyer, dit Gino Capponi, des petits produits que l'on ne peut répartir (G. CAPPONI, *Sui vantaggi e svantaggi della mezzadria*, Bibliothèque de l'*Economista*, Turin, 1860, serie II, vol. II, p. 580). Les poules et les oeufs proviennent de la basse cour alimentée par le domaine, mais qui ne profite qu'au colon. La fosse pour la vigne équivaut à ce que le fonds exige chaque année de plantations nouvelles, que le propriétaire a la charge de faire et d'entretenir jusqu'à ce qu'elles soient en état de produire. Dans tous les contrats de métayage la part du métayer depasse la moitié ; et ce n'est que justice ». — Et Sonnino dit à ce propos : « Les redevances représentent le loyer de l'habitation du colon et tendent à égaliser les conditions des cultivateurs de domaines différentes, en compensant en partie leur différence de fertilité et d'exposition ».

Le cultivateur est ensuite métayer pour ce qui regarde les mûriers, le vin et le bétail bovin. Les bénéfices de l'étable — nets des dépenses de farine, fourrages et litières, achetés en plus de ce qui est fourni par la propriété — se divisent par moitié entre lui et le propriétaire qui fournit le capital en entier.

Telle est la substance des contrats agricoles de la Toscane. Il faut maintenant lui adjoindre les régions qui se rapprochent le plus d'elle pour la conformité de leurs conventions; et ce sont précisément celles qui la bornent.

L'organisation du métayage dans les Marches, dans l'Ombrie et dans la Romagne. — Les conditions du sol et du climat sont dans les Marches presque identiques à celles de la Toscane; et on y trouve le métayage parfait dans leur partie supérieure, c'est à dire dans les provinces d'Urbino et d'Ancône.

Mais dans la Marche inférieure (prov. de Macerata, Fermo et Camerino) les engrais, les litières et les fourrages sont considérés dans la zone submontagneuse, comme la dotation du fonds, dont le colon prend possession en y entrant, et s'oblige à en laisser a son départ une quantité équivalente. Dans les territoires de Sarnano et San Ginesio les bêtes de somme appartiennent exclusivement au propriétaire.

La culture de l'olive est faite en beaucoup d'endroits pour le compte du propriétaire, le métayer ne participant au rendement qu'en minime partie. Dans la zone élevée de l'arrondissement de Fermo le propriétaire se réserve $^2/_5$ du maïs; pour le vin au contraire $^3/_5$ vont au propriétaire. Celui-ci perçoit en outre les fruits de l'une ou de l'autre plantation forestière le long des rivières et des torrents, et de l'un ou de l'autre pré naturel.

Comme les conditions du sol et du climat, ainsi les contrats de métayage sont en Romagne presque identiques à ceux de la Toscane et des Marches. Une seule particularité dans la situation du colon existe dans quelques contrées; c'est que la moitié de l'impôt foncier est à sa charge. Mais cette clause est près de disparaître grâce aux réclamations des métayers.

Les droits spéciaux de loyer de la maison, de basse-cour, de prémices etc. sont en général très onéreux pour les paysans, plus que dans la Toscane et dans les Marches.

L'Ombrie fait aussi partie de cette vaste zone de l'Italie centrale où se trouve le système type du métayage italien. Cependant le bétail appartient intégralement au propriétaire.

Quant au partage des produits il y a aussi des exceptions. Dans certaines parties de la région d'Orvieto un tiers des produits va au propriétaire; par contre le colon doit fournir toute la semence. La même répartition se rencontre en quelques points de la haute plaine de l'Alfina.

A Narni et dans quelques-uns de ces environs les produits se divisent par cinquièmes, soit $^2/_5$ au propriétaire, qui fournit les semences. Sur les territoires de Laizzano, Montoro, San Liberato, Calvi, Poggio, Gualdo, Guadanello, San Vito, Stricoli et Montecastrilli les produits se partagent par tiers, soit un tiers au propriétaire qui avance les semences. Il en va de même pour une partie de la région d'Amelia. Sur le territoire de Rieti, dans la région des collines, on pratique la division du blé en raison de $^2/_5$ pour le propriétaire; dans une petite partie de la plaine c'est en raison d'$^1/_3$ même d'$^1/_4$ pour le propriétaire; et les semences sont toujours à sa charge. Les produits de ce qui est au dessus du sol se partagent par moitié.

En resumé, on peut dire qu'en Toscane, dans les Marches, dans la Romagne et en Ombrie le contrat agricole qui prédomine presque exclusivement, à part sur le territoire de Grosseto, c'est le métayage avec les clauses fondamentales qui suivent.

D'abord une partie du capital d'exploitation est versée par le métayer; d'autre part il ne fournit que la moitié des semences, engrais, litières etc. et du bétail dont les bénéfices et les pertes sont mises en commun. La taxe foncière est généralemenl payée en entier par le propriétaire; l'impôt sur le bétail se partage par moitié. Outre les travaux ordinaires, le colon doit au propriétaire quelques petits services, auxquels doivent correspondre ce qu'on appelle les *appendizie, onoranze* ou bien *regalie* (prestations). L'usage de la ferme est gratuit ou presque. Son entretien, de même que les plantations destinées à accroître le revenu du fonds sont à la charge du propriétaire.

CHAPITRE II

L' organisation du métayage
dans l' Italie du Nord

Dans la haute plaine et dans les Appenins de l'Emilie supérieure (Anciens-Duchés) il est souvent établi en toute bonne foi, sans engagement écrit sauf pour la consignation des capitaux dans lesquels le métayer a l'obligation de mettre sa part. Quant au partage des produits, le métayer doit céder au propriétaire le raisin pour un prix établi d'avance et inférieur au prix courant, plus une petite partie qu'il lui doit à titre gratuit. De même les châtaignes, qui demandent peu de main d'oeuvre à la récolte, vont généralement au colon pour $^1/_4$, quelquefois pour $^1/_3$, et rarement pour $^1/_2$.

Les prestations dues au propriétaire ne semblent pas être onéreuses; et d'autre part en certaines contrées le propriétaire dédommage son colon par des dons de vin, de pâtes, de riz et viande de porc.

En Vénétie, c'est à dire dans les rares contrées de cette province où on le trouve, le métayage présente les particularités suivantes. Tout d'abord il n'est de règle pour aucun des grands ou des moyens propriétaires de concéder à métayage toute sa propriété; on l'emploie de plus en plus pour les terrains de condition inférieure. En effet dans la plupart des terrains donnés à métayage la fertilité est médiocre, l'état des plantations, le niveau du sol sont irréguliers, enfin les domaines sont éloignés du centre d'habitation, ou du propriétaire ou du cultivateur.

Les variantes avec le métayage type sont les suivantes: Toutes les semences sont à la charge du métayer. On prélève $^1/_{10}$ en faveur du propriétaire sur la totalité de chacune des céréales. Du raisin, en certains endroits, il en va $^2/_5$ au colon. Ce dernier paie encore comptant pour les pâturages et l'étable un loyer qui, pour un domaine de 20 à 30 hectares, peut aller à plus de 150 frs. par an.

Il paie en outre, à titre de prestation colonique, une certaine quantité de viande de porc, de volaille, d'oeufs etc. Quelques métayers ont de plus l'obligation de consacrer au propriétaire des journées de travail et un nombre déterminé de charrois au moyen de boeufs ou de chevaux; et parfois même des labours.

Le souci de proportionner les obligations à la plus ou moins grande productivité du sol n'entre pas en ligne de compte dans la détermination des contrats de métayage. Aussi nous arrivera-t-il souvent de rencontrer des cultivateurs honnêtes et travailleurs qui se trouvent dans des conditions économiques moins favorables que d'autres moins intelligents et moins actifs; et cela parce que, soumis aux mêmes engagements, les uns exploitent un domaine peu fertile, les autres ont à faire à une terre plus productive et mieux exposée.

En Lombardie, dans la partie peu étendue où on le rencontre, le métayage offre les formes les plus diverses. Bien des propriétaires de fonds différents ont coutume de n'en donner à métayage que ceux pour lesquels leur surveillance directe sur la culture est possible.

Les semences sont à la charge du métayer ou par moitié suivant les localités. Les *scorte* sont ou à la charge du colon ou à la charge du propriétaire ou à leur charge commune, comme aussi l'impôt sur le bétail. Dans le premier cas tout le produit va au colon, dans les deux derniers, la moitié seulement lui appartient. Quelques propriétaires déterminent, après accord, la valeur du bétail au commencement du méta-

yage et retirent un intérêt de 4 ou 5 %, en laissant le colon
libre de choisir dans la suite ses bestiaux, pourvu qu'ils soient
en état de consommer les fourrages et de produire le fumier
nécessaire à l'usage des terres. L'impôt foncier frappe dans
certaines régions le cultivateur pour la moitié ou un tiers,
dans d'autres le propriétaire seul. Enfin les régales sont faibles dans certaines contrées, assez onéreuses dans d'autres,
et quelquefois très onéreuses, allant jusqu'à 180 à 200 frs. par
hectare pour les parties du fonds qui sont en pâturage; quant
au loyer de la maison rustique, d'aucuns colons doivent le
payer, d'autres non.

En quelques endroits le raisin est réservé au propriétaire
contre le prix de 60 à 80 cts. les 10 kilos; en d'autres endroits plus fertiles le raisin et le froment sont donnés pour
un tiers au métayer; et ailleurs encore le maïs cultivé dans
un lieu privé d'humidité va pour deux tiers au colon. Les
sarments des vignes appartiennent en général au métayer. Le
propriétaire se réserve une partie du foin.

En Piémont les conventions de métayage varient dans la
même mesure qu'en Lombardie.

Parfois le bétail est fourni par le propriétaire mais le plus
souvent le bétail est la propriété du métayer; et alors, en ce
qui concerne les prés, il pourvoit à leur irrigation, à leur fumure, aux fenaisons et laisse au propriétaire la première coupe,
conservant pour son propre bétail le deuxième et le troisième
regains et le droit de pâturage. Il paie quelquefois un loyer
pour les prés mêmes.

Pour les soins de la vigne le métayer reçoit du propriétaire les sarments, les osiers, le soufre, les mélanges etc, et
ne garde pour lui que le tiers de la récolte.

Le propriétaire cède au cultivateur l'usage du bois de
chauffage et il reçoit en échange des dons en volaille, oeufs et
lait.

En Ligurie, le cultivateur n'apporte pas en général dans
le métayage d'autre capital d'exploitation que les instruments
agricoles de peu de valeur. Par conséquent les machines et le

bétail concernent le propriétaire. Le colon ne paie pas de loyer
d'habitation et le maître fournit tout, c'est à dire magasins,
étables, moulins à olives etc. Le partage ne se fait pas en
commun ou par moitié pour tous les produits; dans la plupart
des cas le colon reçoit une part plus petite. C'est ainsi que
dans l'arrondissement de Port-Maurice il prend les deux cinquièmes des produits; dans celui de Gênes la moitié des céréales, le tiers de l'huile, la lie du vin et un tiers ou la moitié
des châtaignes; et dans l'arrondissement plus peuplé de Savone il paie une redevance pour les céréales et les fruits et
garde le tiers de l'huile et le quart du vin. Le colon enfin
est tenu de s'acquitter des régales habituelles comme les métayers de l'Italie du Centre, du Piémont et de la Lombardie.

Si nous résumons brièvement l'impression que nous lais-
sent les conventions de métayage dans l'Italie du Nord, elle
ne peut être que celle d'une grande variété, ou pour le moins
d'un manque de cette uniformité essentielle que nous rencontrons dans l'Italie du Centre. En effet le capital bétail est
fourni soit par le propriétaire soit par le colon, rarement par
tous les deux; de même pour les engrais et les semences. Le
partage porte tantôt sur tous les produits, tantôt sur quelques-
uns seulement. En Piémont, par exemple, on en exclut les pâturages; dans quelques localités de la Lombardie le partage
ne porte que sur le raisin et les cocons, dans d'autres règne
le partage par tiers ou par quart sur certains produits.

Certains cultivateurs paient un loyer, d'autres non. Il n'y
a de régulier que l'apport pour le colon des instruments agricoles et son obligation de donner au propriétaire les *regalie*
ou *appendizie*, mais dans une mesure assez inégale. Tout cela
forme en somme, un contrat mixte de colonat, spécialement
dans le Milanais.

CHAPITRE III.

Organisation du métayage dans les provinces
méridionales et dans les îles

Nous avons déjà vu dans l'Introduction historique que plus l'on s'éloigne de l'Italie du Centre plus le véritable contrat de métayage se fait rare.

Dans les régions de la Campanie où on le trouve, c'est à dire principalement dans les terres bien irriguées de *Val di Lucania* du district de Gäete, les variantes sont les suivantes:

1. Le fermier a à sa charge l'acquisition des semences de toute espèce; il concourt pour la moitié aux frais d'acquisition du fermier; et il doit transporter à la maison du propriétaire la part des denrées qui lui revient.

2. Le propriétaire perçoit tout le produit des vignes, les deux tiers de celui des oliviers; cela dans le Val de Lucania et dans l'arrondissement de Gäete; pour les terrains ensemencés il perçoit quelquefois le tiers ou les deux cinquièmes des plantes herbacées et la totalité des fruits des arbres. Dans ce même arrondissement les fruits des oliviers et des caroubiers vont pour trois cinquièmes au propriétaire et pour deux cinquièmes au colon.

3. Le propriétaire supporte les frais d'exploitation du fonds, tel que le soufrage des vignes, les vendanges et parfois même la taille; il supporte en outre la moitié des frais d'acquisition d'engrais.

68

Nous trouvons dans les Abruzzes une forme de métayage qui se rapproche davantage de celle de l'Ombrie. Dans le district de Città Ducale (prov. d'Aquila) par exemple, l'avance des capitaux et les revenus des fonds sont également répartis. Toutefois, à l'égard des animaux on use dans certains contrats du bail à cheptel (*soccida*) qui revêt différentes formes, suivant la nature de ces animaux; puisque on commence à préférer la mise en pâturage à l'étalage. Les impôts ordinaires sont payés par les propriétaires. Le colons leur doivent les régales habituelles de volaille, de main d'oeuvre, qui ne sont d'ailleurs pas de grande importance. Quant il y a des maisons coloniques on en laisse aux métayers l'usage gratuit mais elles sont très rares.

En Basilicate et en Calabre le véritable métayage est une exception. Là où il existe il n'a pour objet que quelque culture spéciale, soit celle d'un potager soit celle d'une vigne ou d'un verger, mais jamais il ne s'agit d'un fonds avec sa maison rustique, avec le dessus du sol, avec son assolement ou quelqu'autre travail, et le commerce du bétail. Il est de même pour la Capitanate et les Pouilles.

Le métayage pratiqué en Sicile ne peut plus s'appeler du métayage. Il s'y trouve, il est vrai, des petits métayers; mais ce sont presque tous des sous-fermiers, affectés à une seule culture, sans habitation rustique, et liés par des pactes vagues et précaires. « Le métayage, dit M. Bruttini (1), y est plus apparent que réel, parce qu'il s'applique à des terrains cultivés seulement en blé et concédés aux paysans par une forme de contrat qui n'a du métayage que le nom ». Puis la division des produits y est absolument arbitraire. Elle se fait après beaucoup de prélèvements. Si l'on ajoute à celà l'usure et la part du propriétaire ou du fermier sur les semences et les

(1) A. BRUTTINI, *Bollettino della Società degli Agricoltori Italiani*, du 31 août 1905; article intitulé : « Contribution à la connaissance des conditions économiques des paysans métayers en Toscane.

subventions, il ne reste au métayer qu'une minime partie des récoltes (1). M. Alongi (2) a pu écrir avec raison : « Ce qu'est ce contrat on le saura désormais avec dégoût ; ce nom de mé- tayage, s'il n'est pas une ironie cruelle est à coup sûr un indigne mensonge, une étiquette légale pour faire passer de contrebande les plus fragrantes violations des lois morales et juridiques ».

En Sardaigne dominent le fermage et l'exploitation di- recte ; le métayage n'y est presque pas pratiqué, ou du moins de la même manière qu'en Sicile, en Calabre, dans les Pouil- les et la Basilicate (3).

---

(1) N. COLAJANNI, *Gli avvenimenti in Sicilia e le loro cause*, Palerme, Sandron, 1894, p. 60.

(2) ALONGI, *Fasci dei Lavoratori*, p. 9.

(3) Les informations contenues dans ce chapitre dérivent des mêmes sources que le chapitre I, qui porte le titre : « Introduction historique ».

DEUXIÈME PARTIE

DEUXIÈME PARTIE.

Effets économiques et sociaux du métayage

Avant d'essayer de dégager les résultats que produit effectivement le métayage en Italie, nous ne jugeons pas inutile de remettre sous les yeux du lecteur les jugements si opposés que les auteurs ont rendus sur la valeur du métayage en général.

Pour une certaine école c'est une forme de contrat arriérée et vieillie, qui ne convient qu'aux pays stationnaires, et qui dans les régions agricoles en progrès recule sans cesse devant le fermage ou le faire-valoir direct.

Ainsi par exemple le nombre des métayers qui en France était en 1852 de 539.232, était déja tombé en 1862 à 201.527; de même en Espagne il va, dit·on, en diminuant, comme dans la Haute-Italie, où l'agriculture est plus progressive que dans les autres régions de ce pays. Là où le métayage persiste on devrait attribuer ce fait à la force d'une tradition difficile à briser.

Un des plus rudes et aussi des plus distingués adversaires du métayage en Italie est M. Bertagnolli (1), qui voit en lui l'enfance de l'agriculture. « Le métayer, dit-il, n'a aucun intérêt à mettre dans la culture quelque chose de son capital; le propriétaire n'en a pas davantage. Dans les mauvaises an-

(1) BERTAGNOLLI, *La colonia parziaria*, p. 172 et suiv.

nées ce dernier est obligé de nourrir le métayer au risque de perdre ce qu' il lui avance. En outre ce contrat exige de la part du propriétaire une attention continuelle et une résidence fixe ; car pour peu qu' il soit contraint de s'absenter, son domaine cesse de lui rapporter. Ensuite le métayer n' est pas encouragé à dépenser de l'argent en améliorations foncières, retenu qu' il est par la considération que le propriétaire gagnerait davantage sans avancer un sou de plus. Aussi est-il de l' intérêt du premier de faire produire à la terre tout ce qu'elle peut avec les fonds du second. La culture par métayage convient donc aux pays pauvres, parcequ'elle n'exige aucun fonds de roulement. Le propriétaire maintient le colonat partiaire quand il ne croit pas pouvoir exercer avec avantage l'exploitation directe, soit qu' il manque de capitaux, soit qu' il ne sache, ne puisse ou ne veuille s' occuper d' agriculture. S' il pense que l' emploi de son capital en exploitation directe n'est pas suffisamment lucratif, comment pourra-t-il l'employer dans le colonat partiaire, qui ne lui assure que la moitié des intérêts ? ». Et Bertagnolli s' accorde sur ce point avec plusieurs autres économistes italiens, parmi lesquels il faut citer Carega Bertolini (*Giornale agrario toscano,* 1861), Ciccone (*Princ. d'Econ. Polit.* Lec. 4), Boccardo (*Dizionario univers. d'Econom. Politica*), Ottavi (*Lezioni d'Agricoltura,* IV, p. 380). C' est aussi l' opinion d' un grand nombre d' économistes étrangers à l'Italie, comme A. Smith (*Richèsse des nations,* livre III, ch. 2), Young (*Voyages,* t. I, p. 404), Mac Culloch (*Princ. d'Econ. Polit.* p. III, ch. VI, p. 471), Jones (*De la distrib. des richesses,* pp. 102-104), Tracy (*Bibl. dell' Economista,* Ser. II, vol. II), Passy (*Systèmes de culture,* p. 35), Tourdonnet (*Traité pratique du métayage,* Maison Rust. Paris, 1882, p. II, p. 325), Dreuille (*Du métayage et des moyens de le remplacer,* p. 18), Cochut (*Bibl. dell'Econ.,* S. II, Vol. II, p. 15), et d'autres.

En sens inverse on sait que le métayage a été célebré par Stuart Mill (*Principes d' Economie Politique*), Sismondi (*De la condition des agriculteurs en Toscane*), Lecouteux (*Cours d'éco-*

nomie rurale, 1879), G. Roscher (*Economie de l'agriculture et des matières premières*), S. Sonnino (*La mezzeria in Toscana*), Cambray Digny (*La mezzadria toscana*, 1887), L. Franchetti (*Condizioni economiche degli Abruzzi, Molise, Calabria e della Basilicata*). Villari (*La Sicilia e il Socialismo*, 1896), Colajanni (*Gli avvenimenti di Sicilia e le loro cause*, 1894), Caruso (*I sistemi di amministrazione rurale e la questione rurale*, 1874), E. Cavalieri (*La questione dai contadini in Italia*, 1894), R. Lambruschini (*Sulle attinenze della mezzadria sull' incremento dell' agricoltura in Toscana*), E. Faina (*Dei guadagni e consumi dei contadini nei paesi di mezzadria ; Nuova Antologia* du 16 Mai 1905).

Vers la fin du XIXme siècle la science économique commençait déja à modifiér ses préventions contre le métayage, par l'organe de Lecouteux qui formulait l'opinion suivante : « Ce systeme d'organisation agraire (le métayage) qui fut un temps si décrié et condamné à disparaître, revient aujourd'hui en faveur comme une chose toute naturelle ; s'il fut un temps rayé de tout programme de culture améliorée, il apparaît maintenant au contraire, comme un des moyens de production les plus puissants et les plus propres à concilier, dans la culture de quelques vastes domaines, les intérèts de ceux qui possèdent la terre et sont disposés à l'améliorer moyennant quelques frais et de ceux qui n'ont rien autre à lui consacrer que leurs bras, leur esprit d'économie et leur zèle au travail » (1).

Même dans ces dernières années, dans un pays où le métayage est en recul, comme la France, il trouve des défenseurs parmi des économistes très progressistes comme M. Zolla, qui écrivait dans le *Journal des Debats* du 21 novembre 1906 un article très favorable au métayage, en s'appuyant sur des observations éminemment pratiques. Il ressort de cet article que le métayage en France n'est plus dans l'état que Gasparin qualifiait de barbare, alors que 10 hectares de bonnes terres

---

(1) LECOUTEUX, *Cours d'Economie Rurale*, Paris, Maison Rustique, 1879, tome II, p. 52.

rendaient à peine, à partager entre le propriétaire et le métayer, 1000 ou 1500 frs. M. Zolla cite l' exemple d' un fonds
affermé pour 1650 frs., qui à métayage rapporte au propriétaire 2532 frs.; augmentation 882 frs. Le résultat, semble-t-il,
est de nature à modifier quelque peu le jugement des économistes français.

De ces deux jugements si opposés, quel est celui qui semble le plus mérité par le métayage italien? C' est ce que nous
demanderons aux faits, en nous plaçant successivement au point
de vue des résultats économiques et au point de vue des résultats sociaux du métayage.

CHAPITRE PREMIER.

EFFETS ÉCONOMIQUES DU MÉTAYAGE

CHAPITRE PREMIER.

Effets économiques du métayage

Sous ce titre nous étudierons la production de la terre en
relation avec le métayage; mais comme la production peut
être considérée soit dans sa totalité soit dépouillée des frais
d'exploitation, nous en traiterons sous ces deux points de vue
en deux différentes sections. Dans la première nous parlerons
des effets du métayage sur le revenu brut; dans la seconde
des effets de ce contrat sur la rente nette de la terre.

Section I.

Effets sur la production.

Quelle influence le métayage exerce-t-il sur la production
agricole? Pour le comprendre nous rechercherons d'abord si
la culture à l'aide du métayage emploie plus ou moins de capitaux que les autres et si ses méthodes sont plus ou moins
progressives. En second lieu nous demanderons aux chiffres
de nous dire si la production des principaux produits agricoles
cultivés dans les pays de métayage est plus ou moins forte
dans ces régions que dans celles où le métayage est peu répandu.

§ 1. — *Capitaux et méthodes modernes d'exploitation dans le métayage-type italien.*

a) *Capital agraire foncier et industriel en Toscane et dans le reste de l'Italie.*

On peut déstinguer deux ordres de capitaux agricoles : le *capital foncier* et le *capital industriel.* Le capital foncier comprend les valeurs qui ne peuvent plus se séparer de la terre, maisons rustiques, hangars, labourages, travaux de protection, chemins, etc. Rentrent dans le capital industriel toutes les valeurs industrielles employées à développer la productivité du sol, tels que machines, engrais, semences, animaux, c'est à dire les *scorte vive e morte*, que le législateur appelle *immeubles par destination.*

Or Sismondi (1), parlant de la Toscane, écrit : « La prospérité des cultures dans les plus belles parties de l'Italie et surtout en Toscane, l'*accumulation dans le sol de capitaux immenses*, l'agglomération d'une population nombreuse sur un territoire plutôt limité et en général peu fertile, montrent suffisamment combien ce genre de culture (par le métayage) peut être avantageux au pays comme au paysan ; combien il peut à la fois rendre heureuse la classe qui vit du travail de ses bras et obtenir de la terre des fruits abondants pour les répandre à profusion parmi les hommes ». La constatation de Chateauvieux (2) aussi, en ce qui concerne le métayage en Italie, est conforme à celle de Sismondi.

Avec ce système, le propriétaire toujours intéressé au succés de la récolte, ne se refuse jamais à faire sur elle une avance de fonds, que le terrain promet de lui rembourser avec usure. C'est grâce à cette avance et à l'espérance qu'elle suscite que les riches propriétaires fonciers ont peu à peu perfectionné toute l'économie rurale de l'Italie Centrale. Elle leur

---

(1) Sismondi, *De la condition des agricolteurs en Toscane*, Bibl. dell' Econom., Turin, Pomba, serie I, vol. VI, p. 522.

(2) *Lèttres écrites d'Italie*, p. 75.

doit les nombreux réseaux d'irrigation qui fécondent le terrain, de même que la culture en terrasses des collines ; améliorations lentes mais durables que, seuls, les paysans, par
manque de moyens, n'auraient jamais pu effectuer, et qui
n'auraient jamais été accompli par les fermiers ni par les
propriétaires qui louent leurs domaines contre une prestation
fixe, parcequ'ils ne sont pas suffisamment intéressés. Ainsi le
système de l'intérêt forme l'alliance qui doit subsister entre
le propriétaire qui fournit les moyens propres à l'amélioration
de la culture, et le métayer, dont la diligence et les efforts
tendent à tirer de ces moyens le meilleur parti.

D'ailleurs il suffit de jeter un coup d'oeil sur les campagnes de l'Italie Centrale, où se rencontre le contrat de métayage, pour se convaincre que celui-ci, non seulement n'est
pas opposé à l'emploi du capital foncier et du capital industriel,
mais que cet emploi y a produit des résultats merveilleux. Les
maisons d'habitation sont distantes l'une de l'autre de peu de
centaines de mètres ; le terrain qui les entoure est divisé en
champs par des petits canaux, ou des rangées d'arbres, tels
que des aubiers qui soutiennent des pieds de vignes, des mûriers, des oliviers, des ormeaux, dont on recueille les feuilles
pour les donner en pâture aux bestiaux.

Le professeur Salvatore Accardi, dans son travail sur les
Conditions économiques et agricoles de la Sicile (Marsala, Mar-
toglio, 1906), remarque judicieusement que dans les pays éminemment agricoles, plus la population est éparse dans la
campagne et plus les centres sont petits, plus la terre est
bien cultivée, la production grande, la vie hygiénique et la
campagne sûre. Et il déplore que tout cela manque à la Sicile.

A ce propos, nous donnerons, dans le tableau ci-dessous,
les moyennes de la population éparse dans les campagnes italiennes pour le chiffre de 10.000 habitants. Cela pour montrer
ce qu'on a employé de capitaux dans les maisons rustiques
des divers pays (1).

(1) *Recensement de 1901*, vol. V, p. 62.

PROVINCES	POPULATION éparse	PROVINCES	POPULATION éparse
Piémont	2,924	Latium	1.676
Ligurie	2,353	Abruzzes et Molise	2,740
Lombardie	2,310	Campanie	1,650
Vénétie	4,558	Pouilles	694
Emilie { ex-Duchés	6,206	Basilicate	851
Emilie { Romagne	5,714	Calabre	1,732
Toscane	4,510	Sicile	1,076
Marches	5,592	Sardaigne	810
Ombrie	5,377	Royaume	2,824

On voit per ce tableau que la population la plus disséminée dans la campagne se trouve dans l'Emilie, dans les Marches, dans l'Ombrie et dans la Toscane, qui sont précisement les pays de métayage.

Stuart Mill (1), après avoir fait de la Toscane une description idyllique, que le caractère scientifique de cette étude ne nous permet pas de reproduire, conclut ainsi: « Tout ceci n'est pas un tableau de pauvreté; et en ce qui concerne l'agriculture, venge la culture à métayage, telle qu' elle existe dans ce pays (la Toscane) des blâmes des agriculteurs anglais ».

« Même trop de capitaux, dit G. Capponi (2), furent placés dans les terres, surtout par notre génération et par celle qui nous a précédés, et d'une telle façon que les futurs propriétaires ne pourront plus les retirer et altérer substantiellement les conditions de la culture. Même un propriétaire négligent ou pauvre ne pourra plus en Toscane y rendre les champs stériles.

---

(1) STUART MILL, *Principes d'Econ. Polit.*, Bibl. dell'Econom., Turin, Pomba, 1851, vol. XII, p. 659. Livre II, chap. VIII, § 3.

(2) CAPPONI, *Sui vantaggi e svantaggi della mezzadria*, Bibl. dell'Econom., Turin, 1860, serie II, vol. II, p. 508.

M. Sonnino (1) lui-même constatait qu'en ce qui concerne le capital *industriel,* il n'avait jamais fait défaut.

Le fait est que les propriétaires de l'Italie Centrale emploient depuis plusieurs années de grosses sommes dans leurs métairies en capitaux fonciers et industriels; et on le verra bien quant on pourra avoir sous les yeux les statistiques sur l'emploi des machines agricoles et des engrais chimiques qu'on est en train de préparer au Ministère de l'Agriculture.

Pourrons-nous mettre le métayage, au point de vue de l'emploi des capitaux, au dessous des contrats agraires qui règlent dans le Sud de l'Italie la culture de la terre? Certains des *latifundia* médiévaux qu'on y rencontre, sont de véritables déserts. Point d'habitations champêtres, point d'étables, pas de dépôts d'engrais, pas de plantations fruitières.

L'absence de maisons dans la campagne est une des causes, dit M. Colajanni, du vagabondage et du brigandage en Sicile. La résidence du cultivateur sur le fonds lui permet de lui consacrer toute cette quantité de force et de temps, qu'il perdrait à aller et revenir; l'établage du bétail près de sa demeure lui permet un meilleur travail et une fumure plus complète du sol. Sans parler des avantages moraux qui contribuent à accroître la production, tels qu'une plus grande expérience de la culture, un amour plus grand des champs, des soins et attentions plus vifs à toute chose.

Au contraire, en ce qui concerne l'Agro Romano M. Pareto (2) s'exprime ainsi : « Cette immense surface de terre, tenue en grande partie à pâturage, fournit si peu de bétail de boucherie à Rome, qu'environ les $^3/_5$ de la viande qu'on y consomme provient des Marches, de Val di Chiana (Toscane), de Bologne et Modène, toutes des contrées à métayage ». M. Accoramboni, dans des articles remarquables insérés dans le *Bulletin* du Comice Agraire de Rome, démontre que la quan-

---

(1) Sonnino, *La mezzadria in Toscana*, p. 206.
(2) Pareto, *Roma e l'Agro Romano*, p. 10.

tité de bétail entretenu sur une surface donnée des Marches
est presque double que dans la Campagne Romaine.

Loin de nous l'idée de trouver le métayage indispensable
dans les fonds où toute la production est due à l'économie des
eaux et à de grands capitaux d'exploitation, et où la main
d'oeuvre a peu d'importance dans les bénéfices; de manière
que le progrès agraire sert de guide pour spécialiser les cultures et faire prévaloir les plantes industrielles. Or, de l'abondance des eaux et da la facilité de leur utilisation dépend précisement, dans les cultures de la Haute Italie, la prédominance
du *facteur capital* sur le *facteur travail;* du capital d'exploitation, circulant, et industriel, que comporte la culture strictement
intensive. Mais tandis que, en effet, dans l'Italie du Nord, les
travaux d'irrigation sont anciens et étendus, dans les autres
parties de l'Italie ils sont restreints et récents, ou, desservis
par un sol accidenté et le manque d'eau permanente, ils font
presque totalement défaut. En chiffres ronds, l'ensemble des
terres irriguées du Royaume, y compris les jardins et les ver-
gers répandus un peu partout, représente une superficie de
1,461,969 hectares, dont environ 82,000 sont irrigués par les
canaux domaniaux dérivés du Pô (Canal Cavour et ses embran-
chements). Parmi les autres canaux importants de la vallée du
Pô, il faut citer: celui de la campagne Crémonaise dérivé de
l'*Adda*, celui de l'*Agro Veronese* alimenté par l'Adige et celui
du Ledra-Tagliamento dans la province d'Udine.

Le tableau suivant montrera mieux encore la proportion de
la superficie irriguée et irrigable dans la partie septentrionale
de l'Italie et dans les autres régions, d'après les données les
plus récentes (1).

---

(1) V. STRINGHER, *Notizie sull'Italia agricola*, (Ist. Intern. d'Agricoltura) p. 88.

Divisions Agricoles	SUPERFICIE		
	géographique en kilom. carrés	irriguée en hectares	irrigable en hectares
Piémont . . .	29.367	340.724	154.440
Lombardie . .	24.085	644.513	168.400
Vénétie . . .	24.547	98.269	117.202
Ligurie . . .	7.059	12.435	6.725
Emilie . . .	70.701	68.221	61.210
Marches e Ombrie .	19.421	8.385	41.830
Toscane . . .	22.324	11.960	11.351
Latium . . .	12.081	1.000	3.000
Adriatique Méridionale	35.638	34.070	334.023
Méditerranée Méridionale	41.332	202.054	149.548
Sicile	25.739	35.577	110.000
Sardaigne . . .	24.109	7.765	49.000
Totaux	286.682	1.464.969	1.207.729

On voit par ce tableau l'énorme différence qu'il y a entre la superficie irriguée et irrigable du Piémont, de la Lombardie, de la Vénétie et de l'Emilie et celle des autres régions de l'Italie. Il n'y a pas lieu de s'arrêter aux chiffres concernant la région Méditerranéenne Méridionale, car elle comprend l'immense étendue de la Campanie, une partie des Abruzzes, de la Basilicate et de la Calabre. Ce qu'il faut remarquer, c'est l'étendue de la zone à irriguer dans la région Adriatique Méridionale. Cette zone correspond à l'immense *Tavoliere* (Damier) des Pouilles, qui va être mis en valeur grâce au gigantesque travail de l'acquéduc Apoulien, déjà voté par le Parlement et mis en ajudication. Il est évident que ce travail achevé, le *Tavoliere* devenant une région aussi bien arrosée que la vallée du Pô, les mêmes méthodes de culture devront lui être appliquées.

Mais ces vastes réseaux d'irrigation ne sont pas possibles dans les régions moyennes et méridionales de l'Italie, du moins dans leur plus grande partie, parce que les cours d'eau de l'Appenin sont plus pauvres en été que les cours d'eau des Alpes, pour la plupart desquels les lacs forment des réservoirs naturels. Par conséquent la culture du riz et les prairies inondées (*marcite*) y seraient impossibles.

L'Italie, comme le fait justement observer M. Jacini (1) est après la Suisse le pays le plus montagneux de l'Europe. Des 288.538 kil. carrés de sa superficie totale, presque les $^2/_3$ sont couverts par la chaîne des Alpes (6 millions d'hectares) et par celle des Apennins (11 millions d'hectares). Déduction faite de la grande plaine du bassin du Pô, qui mesure plus de 4 millions d'hectares, et de celle du Tavoliere des Pouilles, de 1.300.000 hectares, les surfaces planes sont plutôt rares en Italie.

M. Jacini (2), se reportant à la proportion dans laquelle les capitaux peuvent être employés à l'industrie agricole, dit à propos de l'Italie du Nord: « L'expérience a prouvé, en ce qui concerne l'agriculture Lombarde que plus l'industrie agricole se rapproche du type normal le plus conforme aux idées de l'école agronomique contraire au morcellement de la propriété rurale et du métayage, plus les terrains de cette région sont productifs. L'exercice de la culture y est réglé comme la direction et le travail dans un établissement industriel. Les énormes capitaux d'exploitation, qu'exige cette culture, excluent absolumment le métayage; et l'influence qui tend à s'exercer dans les contrats agricoles est celle du grand fermage et du travail salarié. N'est-il pas juste que ces gros capitaux d'exploitation aient un intérêt? N'est-il pas juste que les risques et les périls,

---

(1) *Enquête Agraire Parlementaire*, vol. VI, tome I.
(2) *Enquête Agraire Parlementaire*, vol. VI, tome I, p. 108.

que rencontre le fermier, aient une limite? N'est-il pas juste
que ses aptitudes et son labeur aient une récompense? ».

Nous ne pouvons qu'approuver complètement ce jugement
de M. Jacini pour ce qui concerne la plaine du Pô.

b) *Méthodes modernes d'exploitation dans le métayage de
l'Italie Centrale.*

Les métayers de l'Italie Centrale ne sont plus rebelles aux
innovations, quand ils doivent y participer, comme l'étaient, il
y a plusieurs années, tous les colons, quel que soit le contrat
qui les liait à la propriété, et comme le sont encore les petits
fermiers, dont le titre n'a pas la durée, que l'usage donne au
métayage, et grâce auquel le métayer se sent un peu, suivant
l'expression de Stuart Mill (1), les sentiments du propriétaire.
Ce qui permettait à M. Sonnino d'écrire (2): « On ne peut, sans
étudier de près les campagnes toscanes, se faire une idée juste
de tous les prodiges de travail intelligent qui s'y sont faits et
qui s'y font continuellement. La conduite des eaux, dans les
terrains accidentés des collines, nécessite, grâce aux averses
fréquentes de notre climat, une attention constante et une
somme de soins, qu'aucun fermier, préoccupé d'un rendement
prochain, ne pourrait apporter. C'est ce que bien des exemples
lui permettent de confirmer.

Le métayage n'est donc pas dans l'Italie Centrale un obstacle
aux progrès de l'agriculture, et par suite à l'accroissement de
la production. D'où que viennent les obstacles aux progrès agricoles ils ne peuvent certainement pas être attribués à la résistance du cultivateur. Le paysan toscan, romagnol, des Marches
ou de l'Ombrie est un peu défiant, il est vrai, des nouveautés,
comme tout autre paysan ; « mais ceci, dit Sonnino (3), est
plutôt un bien qu'un mal, car cela empêche une foule de chan-

(1) STUART MILL., *Principes d'Economie Politique*, Bibl. dell'Econ., serie I, vol. XII,
livre II, chap. VIII, § II, p. 654.
(2) SIDNEY SONNINO, *La mezzadria in Toscana*, p. 193.
(3) Idem, idem, p. 207.

gements fantaisistes et de folles expériences, auxquelles les
jeunes théoriciens sont trop souvent portés, au grand détriment
des paysans et d'eux-mêmes ». Une fois pourtant expérimentées
ces nouveautés à son avantage, le métayer italien s'y conforme
avec autant de ténacité, qu'il en mettait d'abord à les re-
pousser. Le sénateur Comte Cambray Digny (1) disait du métayage toscan, que sous la direction d'un propriétaire éclairé
il ne pouvait être un obstacle au progrès de l'industrie du fait
du métayer. Ils sont nombreux en effet, dans le centre de l'Italie, les exemples de métairies, où l'intelligente et active volonté
du propriétaire et du cultivateur arrive sans secousses et en
peu d'années à transformer la culture, et à substituer aux méthodes vieilles et erronées, des moyens mieux adaptés, avec le
consentement et l'aide des métayers. Déjà beaucoup de machines sont adoptées; on perfectionne les anciens instruments
agricoles. Dans bien des endroits les métayers se sont persuadés
de la supériorité des unes et des autres, et sont alors les premiers à vouloir les employer. Toutes les améliorations que
l'expérience prouve être bonnes et applicables, finissent toujours par se frayer un chemin (2).

C'est beaucoup moins par la résistance des métayers aux
progrès agricoles que par l'incapacité, l'inertie et l'ignorance
des préposés à la direction des entreprises agricoles, que la
culture par métayage est parfois restée stationnaire. Et pour
ce qui est des novateurs, s'ils possédaient une meilleure notion
et surtout plus pratique des conditions locales de l'agriculture,
ils se lamenteraient beaucoup moins sur la froideur des agriculteurs à l'endroit de leurs singulières découvertes, et des
méthodes importées telles quelles de l'étranger.

L'ingérence du propriétaire dans les métairies de l'Italie
Centrale est un fait très répandu et bienfaisant; et il ne peut
avoir que des suites heureuses quand celui-ci sait être prudent

---

(1) Cambray Digny, *La mezzadria in Toscana*, Milan, Tip. degli Operai, 1887,
pp. 22-32.
(2) Voir Sonnino, *La mezzadria in Toscana*, p. 207; et Bastiat, Bibl. dell'Econom.,
Serie II, vol. II, p. 264.

et affable. Alors le métayer lui voue une estime et un dévoue-
ment tels, qu' il acceptera avec une confience aveugle les ini-
tiatives et les réformes les plus ardues. *Le bon maître fait le
bon paysan,* dit un proverbe toscan.

M. Sonnino (1) va très loin, en ce qui concerne l' intelligente activité du métayer. Il dit: « Le métayage en Toscane a
eu le grand avantage de conserver les domaines, malgré la ruine
et le gaspillage de tants de patrimoines, parce qu' il présentait
un associé intéressé, qui suppléait au manque de capitaux par
un travail assidu et infatigable, jaloux de toute sortie du fonds
des capitaux industriels qui s' y trouvaient déjà employés ».

§ 2. — *Statistiques des produits.*

Dans les régions-type de métayage italien (Italie Centrale)
les principaux produits agricoles sont le blé, le maïs, les fourrages, le bétail, le lait, la laine, la vigne, l' olivier, les vers à
soie. Nous allons rechercher si la récolte de ces produits est
plus ou moins abondante dans cette région que dans celles où
dominent d' autres modes de tenure.

C' est ce que nous ferons à l' aide des statistiques emprun-
tées aux Actes de l' Institut International d'Agriculture, fondé
par le Roi d' Italie (2).

---

(1) SONNINO, *La mezzadria in Toscana,* pp. 209, 210.

(2) Certainement chaque région de l' Italie, comme nous le trouvons dans l' Enquête Agraire Parlementaire de 1882, est en mesure de présenter, avec ou sans le métayage, de remarquables exemples de culture perfectionnée. Le Milanais, le Bolonais,
le Monferrat, le Chianti, bien de points des vallées de l'Arno et du Serchio, les provinces de Naples, de Salerno, de Bari, de Palerme, de Catane, et en général la côte
orientale de la Sicile, font montre d'un véritable progrès. Les *marcite* (sorte de champs
d'épandage) de Lombardie, la production des oranges et des citrons, qui dans certaines parties du Midi représente trois fois la valeur, à égalité de surface, du rendement
des meilleures *marcite,* les chambrières de la région de Bologne, sont dues moins à la
libéralité de la nature qu' à l'art de l'homme, qui a su merveilleusement en utiliser les
éléments. Les races bovines de trait ou de boucherie de Reggio Emilia, de la Romagne, de Val di Chiana, font honneur à notre élevage. Les expositions régionales révè-
lent un réel accroissement de production et une amélioration des procédés agricoles;
et en bien des endroits l'emploi des machines et des engrais chimiques se multiplient.

A) **Blé**. — Dans ces statistiques relatives à chaque grande région, apportées par le Chevalier Stringher, nous relevons pour le blé les moyennes suivantes (1) :

RÉGIONS	De l'année 1890 à l'année 1894	Chiffres confirmés pour 1902	Récolte de 1903
	Moyennes annuelles par hectare en hectolitres		
Piémont . . .	13.28	15.61	15.97
Lombardie . . .	11.81	15.86	16.99
Vénétie . . .	11.34	13.92	15.05
Ligurie . . .	8.45	10.69	13.08
Emilie (2) . . .	12.61	14.27	17.19
Marches et Ombrie .	9.56	11.71	14.04
Toscane . . .	10.14	11.14	13.49
Latium . . .	9.18	13.04	12.88
Adriatique Mérid .	9.21	10.28	12.08
Méditer. Mérid.. .	8.66	10.00	12.21
Sicile	9.10	10.31	10.63
Sardaigne . . .	7.45	9.15	10.00

A première vue il ressort de ce tableau que la plus forte moyenne de production du blé est détenue par l'Italie du Nord.

Ceci se produit, toujours d'après l'Enquête, aussi bien là où le métayage existe que là où il n'existe pas.

On devrait donc en déduire que le métayage n'est pas, au point de vue de la production de l'Italie, un contrat agricole meilleur ou plus rationnel que n'importe quel autre. Mais on doit encore en conclure, à mon avis, qu'il n'est pas incompatible avec le progrès agricole, comme prétendent certains économistes.

(1) Istituto Internazionale d'Agricoltura. Studi e documenti de p. 28 à p. 51.

(2) L'Emilie se divise en deux parties : Ex-Duchés et Romagne. La Romagne est un pays de métayage.

Cela tient aux méthodes tout modernes qu'on y suit, ayant pour base l'irrigation à outrance, rendue possible par l'abondant débit du Pô, qui permet largement l'emploi des moyens industriels. Mais nous y trouvons aussi que la moyenne de l'Italie Centrale n'est non seulement pas inférieure à celle des pays où le métayage n'existe pas ou est exceptionnel, tel que le Latium, les provinces Méridionales Adriatiques et Méditerranéennes, la Sicile et la Sardaigne, mais qu'elle leur est largement supérieure. En effet, si l'on déduit la Romagne dont la moyenne est comprise dans celle de l'Emilie (1), la moyenne dans la Toscane fut de 1890 à 1894 de 10.14 hectolitres et dans l'Ombrie et les Marches de 9.56, tandisque la plus forte moyenne des pays cités plus haut, c'est-à dire celle du Latium, n'est que de 9.18: en 1902 les Marches et l'Ombrie ont eu une moyenne de 11.71 hect. et la Toscane de 11.14. Le Latium, il est vrai, vient avec 13.04 (2), mais la Sicile, qui vient ensuite parmi les pays du Midi, ne dépasse pas 10.31 hect.

Pour la récolte de 1903 les Marches, l'Ombrie et la Toscane ont rattrappé les moyennes de l'Haute Italie, les deux premières avec 17.19, ta troisième avec 13.49, surpassant ainsi toutes les régions du Midi et les Iles, à la tête desquelles le Latium vient avec 12.88.

B) **Maïs**. — Voyons maintenat les chiffres relatifs à une autre production générale, celle du maïs, puisque les récoltes spéciales à une région, à une province, à un arrondissement ou un canton n'intéressent pas notre question.

---

(1) Nous verrons dans la statistique qui suit la raison de quelque haute moyenne du Latium.

RÉGIONS	De l'année 1890 à l'année 1894	Chiffres confir- més pour 1902	Récolte de 1903
	Moyennes annuelles par hectare en hectolitres		
Piémont . . .	15.17	19.39	15.89
Lombardie . . .	18.67	25.98	24.68
Vénétie . . .	13.16	18.89	21.81
Ligurie . . .	9.56	11.50	8.60
Emilie . . .	14.22	18.12	18.88
Marches et Ombrie .	11.07	16.56	16.46
Toscane . . .	13.81	17.65	18.83
Latium . . .	9.92	17.24	20.92
Mérid. Adriatique .	8.67	13.42	9.41
Mérid. Méditerr. .	10.05	13.89	14.32
Sicile	10.42	12.25	11.80
Sardaigne . . .	8.72	19.75	15.27

Ainsi, encore pour le maïs, l'Italie du Nord mise à part, il y a une supériorité marquée en faveur de la Toscane, de l'Ombrie et des Marches sur le Midi et les Iles. En effet, de 1890 à 1894 aucune de ces dernières régions n'atteint la moyenne de 15.81 hect. de la Toscane, ni celle de 11.07 des Marches et de l'Ombrie. La plus haute, celle de la Sicile, est de 10.42. Dans l'année 1902 seuls le Latium avec 17.24 hect. et la Sardaigne avec 19.75 ont fait exception. Les autres régions du Midi sont restées fort au dessous de la Toscane qui vint avec 17.75 et de l'Ombrie et des Marches avec 16.58. La plus forte moyenne des pays méridionaux fut celle de la région méditerranéènne, 13.89. Enfin pour la récolte de 1903 la Toscane avec ses 18.83 hect. et les Marches et l'Ombrie avec 16.46 ne furent dépassées que par le Latium qui en eut 20.92. La Sardaigne, qui vint ensuite, obtint 15.27.

Il faut remarquer, relativement à cette forte récolte du Latium, qu'elle est due aux longues périodes de jachère et de prés naturels qui précèdent la culture, alors, que dans les pays de métayage le terrain n'est jamais en repos, mais les cultures se succèdent sans interruption.

Notons encore les moyennes extrêmement faibles de la Sicile, qui est pourtant d'une fertilité légendaire.

C) **Production fourragère, bétail, lait et laine**. — Un autre tableau qui va nous donner des renseignements plus sûrs c'est celui de la production fourragère.

RÉGIONS	Superficie géographique en Kilom. carrés	Légumineuses fourragères Quintaux	Prés naturels herbes en Quintaux	foin
Piémont . . .	29.378	2.444.120	3.233.898	12.289.913
Lombardie . . .	24 317	13.325.880	10.093.236	11.322.814
Vénétie . . .	24,548	7.541.682	3.398.912	9.050.892
Ligurie . . .	7,058	586.457	711.843	962.120
Emilie . . .	20 640	12.490.845	1.696.965	4.034.475
Marches et Ombrie .	19,457	21.235.604	4.731.324	4.538.270
Toscane . . .	22,324	13.036.554	5.428.170	6.174.231
Latium , . .	12,081	332.837	4.432.430	2.329.911
Mérid. Adriatique .	35.639	2.890.955	4.872.922	1.223.242
Mérid. Méditerran.	41 329	3.071.450	5.328.344	2.943.443
Sicile	25 740	5.529.793	12.934.428	5.641.794
Sardaigne . . .	24.078	198.408	5.370.385	88.859

De cette statistique ressort l'évidente supériorité de la Toscane, des Marches et de l'Ombrie en proportion de leur étendue géographique, non seulement sur les pays du Midi et les Iles, mais aussi sur la Haute Italie pour les fourragères. Nous y voyons aussi qu'en ce qui concerne les herbes pro-

94

duites par les prés naturels, elles n'ont au dessus que la Lombardie et la Sicile; et en ce qui concerne le foin, elles ne sont dépassées que par le Piémont, la Lombardie et la Vénétie.

Cette dernière statistique fait pendant à la suivante relative au bétail bovin, donnée en 1882, et la dernière en date (1).

RÉGIONS	Pour cent sur le total de l'espéce bovine	RÉGIONS	Pour cent sur le total de l'espéce bovine
Piémont . . .	17.63	Sardaigne . .	5.84
Lombardie . .	17.57	Mérid. Méditerran.	5.72
Vénétie . . .	15.47	Mérid. Adriatique .	4.26
Emilie . . .	13.78	Sicile . . .	2.63
Toscane . . .	6.55	Ligurie . . .	2.44
Marches et Ombrie.	6.09	Latium . . .	2.02

La Toscane, les Marches et Ombrie, viennent ici de suite après le Piémont, la Lombardie et la Vénétie.

Ces pays de métayage par excellence ne font pas non plus mauvaise figure dans la statistique du bétail ovin, bien qu'ils ne se consacrent pas spécialement à cet élevage.

RÉGIONS	Pour cent de la production totale de l'espéce ovine	RÉGIONS	Pour cent de la production totale de l'espéce bovine
Mérid. Adriatique .	19.45	Sicile . . .	5.55
Mérid. Méditerran .	15.64	Emilie . . .	5.15
Marches et Ombrie.	11.88	Vénétie . . .	4.29
Toscane . . .	11.32	Piémont. . .	4.25
Sardaigne . .	9.83	Ligurie . . .	2.61
Latium . . .	8.24	Lombardie . .	1.79

(1) Recensement du bétail asin. bovin, ovin, caprin, des porces réalisé à minuit du 13 au 14 fevrier 1881, Rome, 1882.

Dans ce tableau la Toscane, les Marches et l'Ombrie viennent, pour l'importance de l'élevage de l'espèce ovine, de suite après les régions Adriatique et Méditerranéenne du Midi, qui cependant sont adonnés à la grande industrie pastorale.

Pour compléter cette statistique du bétail, nous y joindrons la suivante, relative à la production en laine et en laitages (1).

DE QUATRE ANS 1891-1894

RÉGIONS	Etendue géographique en Kilometres carrés	LAINES — Kilogrammes	LAITAGES — Kilogramme
Piémont . . .	29.378	314.208	13.240.022
Lombardie . . .	24.317	135.877	39.745.662
Vénétie . . .	24.548	323.224	11.686.472
Ligurie . . .	7.058	113.032	1.345.771
Emilie . . .	20.640	266.213	8.072.987
Marches et Ombrie .	19.457	664.612	2.906.423
Toscane . . .	22.324	720.034	2.056.931
Latium . . .	12.081	1.501.349	7.616.237
Méridionale Adriat. .	35.639	2.174.036	6.059.819
Mérid. Méditerran. .	41.329	1.344.592	5.863.567
Sicile	25.740	1.395.228	7.232.084
Sardaigne . . .	24.076	777.441	4.249.904

Donc, en ce qui concerne la laine, les pays de métayage suivent de près les pays de grands pâturages. En ce qui concerne les laitages, ils supportent assez bien la comparaison avec les pays qui en font leur principale production; puisqu'ils proviennent presque uniquement du bétail ovin, le lait de vache servant presque uniquement et sans aucune transfor-

(1) Iustit. Intern. d'Agric. Studi a docum. de p. 28 à p. 51.

mation, à la consommation des villes. Le bétail bovin dans ces pays est destiné à peu près exclusivement à être vendu, au labour et aux abattoirs.

D) **Production agricole industrielle**. — Sous ce titre nous parlerons de la culture de la vigne, de celle de l'olivier et de celle des vers à soie.

En arrivant à la statistique de la production du *vin,* nous devons déclarer que nous ne la croyons pas exacte, établie par hectare; parceque la vigne est cultivée dans l'Italie Centrale en larges rangées et associée à d'autres cultures, tandisqu'ailleurs elle exclut toute autre culture. Nous préférons pourtant ramener cette statistique à la superficie de chaque région (1).

RÉGIONS	Etendue géographique — Kilom. carrés	De l'année 1890 à 1894 — Hectolitres	Vérification de 1902 — Hectolitres	Récolte de 1903 — Hectolitres
Piémont . .	28.378	3.789.171	5.400.000	2.800.000
Lombardie . .	24.317	1.319.658	2.100.000	1.550.000
Vénétie . .	24.548	1.006.728	2.420.000	1.920.000
Ligurie . .	7.058	332.555	360.000	200.000
Emilie . . .	20.640	2.584.577	3.720.000	3.230.000
Marches et Ombrie	19.457	2.404.778	3.430.000	3.000.000
Toscane. . .	22.324	3.232.487	4.410.000	3.100.000
Latium . . .	12.081	1.109.313	1.800.000	1.440.000
Mérid. Adriatique	35.639	5.221.137	8.480.000	6.430.000
Mérid. Méditer. .	41.329	4.021.275	4.720.000	5.060.000
Sicile . . .	23.740	5.635.437	4.040.000	3.960.000
Sardaigne . .	24.078	1.023.049	1.850.000	2.410.000

(1) L'iniziativa del Re d'Italia etc. de p. 28 à p. 51.

Par ce tableau, portant plutôt sur l'étendue de la culture de la vigne que sur sa production intensive, nous voyons que pour l'étendue, l'Emilie, la Toscane, les Marches et l'Ombrie ne sont dépassées que par la Sicile, la région Adriatique Méridionale, le Piémont et la Ligurie, c'est à dire par des pays plus propices à la vigne grâce à la qualité du sol ou de leur climat.

La même observation que plus haut s'impose pour l'*huile,* dont nous donnons ici par impartialité la statistique relative à sa production. En effet les oliviers dans l'Italie Centrale sont disséminés parmi d'autres cultures et non réunis en oliveraies. Telle est la raison pour laquelle nous ne donnons pas non plus la production par hectare.

RÉGIONS	Etendue géographique Kilom. carrés	De 1890 à 1894 Hectolitres	Vérification de 1902 Hectolitres	Récolte de 1903 Hectolitres
Piémont	29.378	. . . .	. . . .	. . . .
Lombardie	24.317	3.650	6.200	3.000
Vénétie	24 548	3.729	6.250	2.850
Ligurie	7.058	91 993	142.000	163.500
Emilie	20.640	4 747	5.600	3.370
Marches et Ombrie	19.457	164 380	180.000	177.880
Toscane	22.324	185.478	243 650	221.700
Latium	12.081	103 674	120.000	170 000
Mérid. Adriatique	35.639	852.284	953.500	958.000
Mérid. Méditer.	41 329	575.550	762 500	898.00 0
Sicile	25.740	485.220	537.800	585.000
Sardaigne	24.078	43.993	82.500	90.700

Nous ne pouvons pas dire que pour la production de l'huile les pays de métayage figurent dans les premiers de l'Italie. Mais ils n'y sont pas non plus les derniers. Comme le climat a une grande influence sur cette production il faut noter

que les Romagnes et les Marches se trouvent toutes entières
sur le versante nord des Apennins et occupent les collines et
les plaines qui s'y rattachent, de même une partie de la Toscane est formée de contrées très accidentées. De toute façon
pour la qualité du produit ces régions ne cèdent pas aux autres, les huiles de l'Ombrie et de la Toscane, et surtout de
Lucques ayant une réputation mondiale.

La statistique de la production agricole italienne de M. Stringher dont nous avons extrait la suivante relative aux *cocon de
soie*, donne les produits par once. Nous n'adopterons pas ce
genre de rapport, premièrement parceque le résultat un peu
problèmatique a pu jusqu'à un certain point être influencé
par l'intérêt des expérimentateurs de semences et la vanité des
éleveurs; et en second lieu parce qu'il nous importe peu, par
exemple, que l'once ait donné en Sardaigne 56.84 Kil., ce qui
est la plus forte moyenne résultant de ce rapport, quand nous
savons que dans cette île la moyenne des vers élevés ne fut
que de 37 onces, probablement un élevage par semence.

RÉGIONS	Superficie géographique Kilometres carrés	Moyenne des 5 années 1890-1894 Semence incubée (onces)
Piémont	29.378	235.424
Lombardie . . .	24.317	421.156
Vénétie	24.548	253.230
Ligurie	7.058	7.311
Emilie	20.640	77.663
Marches et Ombrie . .	19.457	41.985
Toscane	22.324	47.855
Latium	12.081	2.633
Méridionale Adriatique .	35.639	2.571
Mérid. Méditérranéenne .	41.329	67.335
Sicile	25.740	11.281
Sardaigne	24.078	37

D' après ce tableau, la Toscane, la Romagne, les Marches
et l'Ombrie viennent de suite après la Haute Italie pour le
nombre d'onces de cocons incubés, et par conséquent pour
l'étendue de la culture du mûrier. Mais il faut aussi considérer
que l'élevage des vers à soie se fait même à métayage dans
la Haute Italie.

De tous ces tableaux de production agricole, y compris le
bétail et les produits industriels, ressort clairement l'indiscu-
table supériorité, quant à l'importance de cette production, de
la Toscane, de la Romagne, (qui entre pour beaucoup dans les
hautes moyennes de l'Emilie), des Marches et de l'Ombrie, pays
classiques du métayage italien, sur les régions du Midi, où domine le fermage et le faire-valoir direct. D'autre part si l'Italie
Centrale est inférieure pour la production à l'Italie du Nord,
cela dépend non de la différence des contrats agricoles, mais
bien comme nous l'avons vu, des conditions géologiques, orographiques, hydrologiques et climatériques, favorables à la seconde (1).

Il ne nous paraît par conséquent pas possible de souscrire
à ce que d'aucuns avancent au sujet de la Toscane, des Marches et de l'Ombrie, à savoir que le métayage est le symbole
de la médiocrité et d'une désharmonie dans le développement
de l'économie rurale. A ceux-là les faits opposent un démenti

---

(1) Sismondi nous donne un exemple de ce que rapportait en 1797 à un propriétaire toscan un fonds de deux hectares :

Céréales	en livres de Florence		66,10
Légumes	»	»	14,03
Vin	»	»	256,11
Huile	»	»	56,13
Plants d'olivier	»	»	17,05
Plants d'oignons	»	»	70,13
Bénéfice de 2 genisses	»	»	79,00
Vers à soie	»	»	18,00
Fruits et herbes fourragères	»	»	70,14
			646,69

soit à peu près, 557 francs. Ce qui fait que le fonds rapportait à son propriétaire 278
frs, 50 cts, par hectare.

formel et représentent au contraire le métayage comme un contrat favorable au progrès agricole.

Effets sur les frais d'exploitation et de main d'oeuvre.

Je crois ne pas pouvoir mieux préciser les effets du métayage sur les frais d'exploitation et de main d'oeuvre qu'en présentant plus bas quelques budgets de l'Enquête Agraire Parlementaire que nous avons déjà plusieurs fois citée. Dans ces budgets on trouve recueillies avec beaucoup d'intelligence, de soin et sens pratique, les données qui peuvent nous amener à connaître le rendement net des terres soumises au métayage et de celles soumises à d'autres contrats. Ces budgets remontent, il faut l'avouer, à une date un peu ancienne, et ils auraient besoin de plusieurs modifications, soit pour la partie concernant les recettes, soit pour celle concernant les dépenses. Cela est évident, parce que d'un côté il s'est produit une augmentation dans la productivité du sol, à cause des progrès de l'agriculture, et en même temps dans les prix des céréales, des fruits et du bétail; de l'autre, parce que les frais d'exploitation ont aussi augmenté. Par conséquent, après avoir pris note de ces variations, j'ai été tenté de modifier ces budgets; mais j'ai fini par me convaincre que, s'ils pouvaient être insuffisants comme documents d'une démonstration, ils n'avaient perdu aucune valeur comme termes de comparaison, ainsi qu'ils doivent l'être pour notre étude; puisque l'accroissement des chiffres concerne dans la même mesure chacun des deux termes de comparaison.

Je dois aussi noter que le fermage ne peut aucunement entrer dans cette comparaison. Nous considérons les frais d'exploitation et de main d'oeuvre au point de vue du propriétaire, c'est à dire de la propriété. Or à ce point de vue l'infériorité du fermage vis à vis du métayage est évidente et n'a pas besoin d'être démontreé; parce que la partie de rente qui va au fermier est une addition passive aux frais d'exploitation et de main d'oeuvre. Nous ne pouvons pas d'autre part nous placer au point de vue du fermier, parce que sa rente n'et pas celle de la propriété, mais le résultat de son travail et de son capital d'exploitation. De sorte que notre comparaison sera seulement entre le métayage et le faire-valoir direct.

Les budgets que nous reproduisons plus bas concernent la Toscane, les Marches et le Latium, c'est à dire les régions qui peuvent représenter avec le plus de précision, d'une part le métayage typique italien, de l'autre le contrat agricole qui se base sur le latifundium. C'est en effet dans la Toscane et dans les Marches que nous trouvons le métayage dans sa forme la plus complète. Dans l'Ombrie et dans la Romagne, qui sont aussi des pays de métayage, celui ci a subi quelques modifications; dans la première région aux frontières des Abruzzes où dominent les contrats à pâturage, dan la seconde aux frontières de l'Emilie supérieure, où le métayage a été de plus en plus remplacé par le louage industriel. Quant au Latium son *latifundium* peut aussi bien représenter les *latifundia* des Pouilles, de la Calabre, de la Sicile et de la Sardaigne, parce qu'il en a presque les mêmes caractères, et dénote au contraire une production plus élevée, comme nous l'avons vu dans le chapitre précédent.

On comprendra facilement pourquoi nous ne nous occupons pas, dans cette Section, des régions septentrionales de l'Italie, c'est à dire de la Lombardie, du Piémont, de la Ligurie, de la Vénétie et de l'Emilie Supérieure. Nous avons déjà vu en étudiant leurs conditions économiques, qu'on pourrait difficilement y appliquer le métayage comme système de contrat, au point de vue de la production. Il n'y a pas lieu en outre de voir ici si le fermage industriel, qu'elles possèdent, est le plus convenable au point de vue social. L'Italie du Nord est donc dans cette Section hors de question.

*Frais d'exploitation dans le métayage de la Toscane
et des Marches et dans le faire valoir direct des latifundia de l'Agro Romano.*

Voici les budgets relatifs aux produits agricoles des trois
régions que nous prenons comme exemple. Ils sont divisés par
zones, c'èst à dire plaine, colline et montagne; ceux de l'*Agro
Romano* sont en outre divisés par cultures, en vue de la vaste
spécialisation qui est éxigée par ces *latifundia* (1).

---

(1) Nous avons été obligés de reproduire les budgets qui suivent en italien à
cause de leur caractère spécial et souvent concernant des cultures et des industries
locales.

a) BUDGETS RELATIFS À LA TOSCANE

Distribuzione del prodotto lordo, delle spese e del prodotto netto dell' agricoltura
a tipo nelle diverse zone. (Inch. Agr. Parlamentare, volume III, pagina 3

ZONE e COLTURE	Capitale circolante per ettaro. Stime vive e morte e contanti di scorta per le spese		Prodotto lor — per ettaro	
	Lire	Cent	Lire	C
Zona dei monti :				
Podere con appezzamento ghiandifero con riposo o maggese sopra 4|7 della superficie seminativa *(Pieve S. Stefano)*	133	33	99	3
Podere con appezzamento ghiandifero, ed altro a castagneto, con riposo o maggese sopra i 2|7 della super ficie seminativa *(Poppi)*	214	20	194	2
Zona delle colline :				
a gran coltura estensiva — Podere nelle crete con piccolo appezzamento boschivo, e qualche filare di viti, di olivi di gelsi, ecc. *(Asciano)*	72	40	73	2
a coltura mista — Podere in gran parte a gran coltura e in parte a piccola col predominio del seminativo nudo *(Monteriggioni)*	108	00	165	0
a piccola coltura (con olivi, viti, gelsi ecc.) — Con predominio dell' ulivo *(Pescia)*	237	20	463	8
Con predominio della vite e del gelso *(Castelfranco di Sopra)*	407	10	544	8
Con filari di viti, di olivi e di gelsi *(Sesto Fiorentino)*	305	40	474	2
Zona delle pianure :				
a gran coltura promiscua — Con coltivazione di tabacco in rotazione *(Borgo S. Sepolcro)*	274	40	332	4
a piccola coltura senza irrigazione — Con sviluppo dell' industria dell' ingrassamento del bestiame bovino *(Pistoia)*	456	66	597	0
Senza sviluppo nell' industria del bestiame *(Reggello Rignano).*	278	00	366	9
piccola coltura co n irrigazione — Con viti, gelsi e seconde raccolte *(Camaiore)*	757	33	840	0
a gran coltura estensiva — Senza riposo ne maggese *(Piombino)*	202	60	204	6
Zona transappenninica :				
Podere in alta collina con filari di viti basse, con piccolo appezzamento di vigna fitta, e con appezzamento boschivo *(Rocca S. Casciano).*	162	00	204	45
Isola dell' Elba :				
Podere con coltivazioni promiscue e per 2|5 a vigneto *(Rio).*	248	80	308	00

ogni ettaro di superficie a coltura a mezzadria sopra i singoli poderi presi

e di col-ione per non com-ando il lavoro		Spese di ma-nutenzione dei fabbricati, per nuove pianta-gioni, spese di agenzia ecc. per ettaro		Interessi com-merciali sul capitale circo-lante — per ettaro		Totale spese ed interessi — per ettaro		Retribuzione del lavoro — Quota colo-nica per ettaro		Prodotto netto — Quota pa-dronale (*) per ettaro	
Lire	Cent.	Lire	Cent.	Lire	Cent.	Lire	Cent	Lire	Cent	Lire	Cent
	»	1	25	6	67	7	92	51	87	39	39
	»	4	64	10	71	15	35	102	50	76	44
	44	1	30	3	62	5	36	36	88	30	96
2	11	4	12	5	40	11	63	82	96	70	49
27	20	13	»	11	86	52	06	225	30	186	44
33	87	10	66	20	36	64	89	260	»	219	11
12	57	12	14	15	27	39	98	237	29	197	01
7	83	5	»	13	72	26	55	164	05	141	82
56	50	14	16	22	83	93	49	260	»	243	51
18	»	17	50	13	90	49	40	180	20	137	30
74	»	16	66	37	86	228	52	353	»	258	33
9	33	2	66	10	13	22	12	99	85	82	70
12	»	10	»	8	10	30	10	101	68	72	67
8	80	8	»	12	44	29	24	159	60	119	16

b) BUDGETS RELATIFS AUX MARCHES

Provincie di Pesaro, Ancona e Macerata ([1])

TIPO DI PIANURA.

Estensione: ettari 25. — Famiglia colonica: 4 uomini, 4 donne, 2 ragazzi e ragazze, 3 bambini. — Natura del suolo: calcare argilloso. — Generi di coltura: frumento, fave, granturco, foraggi diversi.

BILANCIO RIASSUNTIVO.

Produzione lorda del podere . . . . L. 6.239,11
Spese . . . L. 1830,44
Rimunerazione del colono « 2275,08

« 4.100,52

L. 2.138,59

Rendita netta del proprietario all'ettaro L. 85,33.

TIPO GRANDE DI COLLINA.

Estensione: ettari 30. — Natura del suolo: argilloso calcare, calcare siliceo, breccioso. — Generi di coltura: grano, granturco, fave, foraggi diversi. — Famiglia: 4 uomini, 3 donne, 2 ragazzi e ragazze, 3 bambini.

BILANCIO RIASSUNTIVO.

Produzione lorda del podere . . . . L. 5.399
Spese . . . L. 1409,06
Rimunerazione del colono « 1995,70

« 3.404,76

L. 1994,24

Rendita netta del proprietario ad ettaro L. 63,14.

TIPO PICCOLO DI COLLINA.

Estensione: ettari 12. — Natura del suolo: calcare argilloso, calcare siliceo. — Genere di colture: frumento, granturco, fave ed altri legumi,

---

(1) *Atti dell'inchiesta agraria parlamentare.* Vol. II, tomo II, da p. 433 a 440. Rela tore: M.se Vitelleschi, senatore del Regno.

foraggi diversi. — Famiglia colonica: 4 uomini, 2 donne, 2 ragazzi e ragazze, 1 bambino.

BILANCIO RIASSUNTIVO.

Produzione lorda del podere   .   .   .   .   L. 3.148,67
Spese   .   .   .   L.   785,23
Rimunerazione del colono   «   1.247,78
                                                        «   2.033,01
                                                        L. 1.115.66
Rendita netta del proprietario ad ettare L. 93,97.

Quadro dimostrante la rendita ed il valore per ogni 10 ettari delle diverse classi di ter
ai bisogni della colonia, con indicazione della parte di rendita e di spese spet

Classificazione delle terre secondo la costituzione intima del suolo e la sua attitudine nella riproduzione rilevata a mezzo dei caratteri chimici ed agronomici.	Quantità di superficie	DISTINZIONE			RENDITA LORDA			
		Occupata dalle piante ed altro e lasciata a pascolo naturale e industr.	Coltivata a cereali ed altro		Indicazione sommaria dei prodotti	Valore	Porzioni	
							padronale	colon
	Ettari Are	Ettari Are	Ettari Are					
1.ª Classe Terra argillosa calcare con ossido e carburo di ferro, ossia argilla marnosa ocacea. Buona per i cereali.	10.00	0.80	9.20		Rendita lorda	2220.200	1185.290	1034
2.ª Classe Terra calcare magnesiaca, ossia marna magne siaca. Mediocre per i cereali.	10.00	1.00	9.00		Rendita lorda	1664.720	809.138	855.ª
3.ª Classe Terra calcare e argillosa, terra argillosa calcare sabbiosa con muriato di soda ed ossido di ferro, nonchè terra ghiaiosa con agglomerati resistenti. Pessima per la vegetazione.	10.00	2.00	8.00		Rendita lorda	973.044	418.764	554.ª

ll'attuale sistema di coltivazione a mezzadria forniti di caseggiati rurali proporzionati
ri ed ai coltivatori, e del valore dell' intera superficie, e ragguagliato per ciascun ettaro.

| | PASSIVITÀ RELATIVE | | | Rendita netta dei 10 Ettari | | | VALORE | |
| | | Quota a carico dei | | | | | | |
taglio ella ssività	Importo	proprietari	coltivatori	complessiva	padronale	colonica	della intera superficie	raggua- gliato di ciascun ettaro
se	384.203	199.165	185.038	1439.140	723.902	715238	14478000	1447800
se	185.246	163.802	35.444					
rtuni	211.617	112.421	99.196					
	781.066	475.388	319.678	Ragguaglio per ciascun ettaro 143.914	72.390	71.524		
se	314.201	149.858	166.343	1071.467	481.427	590040	9628.540	962.854
se	120.943	102.743	18					
rtuni	156.109	74.910	81.199					
	591.253	327.511	265.542	Ragguaglio per ciascun ettaro 107.146	48.142	59.040		
se	258.473	111.411	147.062	533.787	192.527	341260	3850.540	385.054
se	93.276	78.776	14.500					
rtuni	87.498	36.050	51.458					
	439.247	226.237	213.020	Ragguaglio per ciascun ettaro 53.378	19.252	34.126		

Provincia di ASCOLI PICENO

(Circondario di Ascoli) (1)

1. — *Podere tipo di mezzina e marina coltivato a frumento, a prato e a piante erbacee.*

BILANCIO RISPETTO AL PROPRIETARIO.

SPESE					Rendita netta del podere	Rendita netta del podere
Metà del fieno e concime comprati	Manutenz. dei fabbricati e piantagioni	Tasse prediali, decime	Spese di Amministrazione e diverse	Totale		
L. 50	L. 30	L. 310	L. 55	L. 445	L. 712	L. 71

2. — *Podere tipo di mezzina coltivato a grano, canapa, erbaggi, piante erbacee.*

BILANCIO RISPETTO AL PROPRIETARIO.

SPESE					Rendita netta del podere	Rendita netta del podere
Metà del fieno e concime comprati	Manutenz. dei fabbricati e piantagioni	Tasse prediali, decime	Spese di Amministrazione e diverse	Totale		
Biade L. 30 Concimi . » 620 Concimi per erbaggi e irrigaz. . . . » 150 L. 800	L. 30	L. 439	L. 50	L. 1.319	L. 876	L. 218

(1) *Inchtesta agraria.* Vol, XI, tomo II, p. 922, 924, 926.

3. — *Podere tipo di montagna coltivato a cereali con bosco e alberate frut-*
tifere.

BILANCIO RISPETTO AL PROPRIETARIO.

SPESE					Rendita netta del podere	Rendita netta del podere
Metà del fieno e concimi comprati	Manutenzione dei fabbricati e piantagioni	Tasse prediali, decime	Spese di Amministrazione e diverse	Totale		
	L. 40	L. 250	L. 70	L. 360	L. 680	L. 45,53

c) BUDGETS RELATIFS À L'AGRO ROMANO

Provincia di ROMA (¹)

Conto generale di una tenuta a coltura estensiva nell' Agro Romano, dell'estensione di ettari 2.000.

Modo di conduzione : ad economia o per conto del proprietario.

Superficie : Terreni seminativi nudi . . .	Ettari 1.240
Riserve o prati falciativi	» 185
Pascoli permanenti	» 375
Bosco o macchia	» 200
	Ettari 2.000

Scorte vive : buoi 78, vacche, tori e allievi 140, cavalli e cavalle 60, pecore 2.600.

Scorte morte : carri, attrezzi, fornimenti.

Ammontare delle scorte, compreso il danaro dell' esercizio L. 221.250.

BILANCIO RIASSUNTIVO.

Cereali	L. 96.953,50	
Spese relative ai cereali		L. 66.540,30
Pecore	» 40.436,55	
Spese relative alle pecore		» 13.397,00
Vacche e cavalle di razza . . .	» 13.077,00	
Spese relative alle vacche e alle cavalle .		» 10.870,00
Bosco (2)	» 850,00	
Spese generali		» 7.269,00
Tasse diverse		» 18.282,72
Ricavo netto		» 34.958,03
	L. 151.317,05	L. 151.317,05

Coltivazione a cereali sopra un rubbio di terreno in collina col sistema in uso nell'Agro Romano.

Ricavo lordo		L. 840,00
Spesa		» 803,13
Ricavo netto		L. 36,87

---

(1) Le pâturage compense les frais du bois.

(2) *Inch. agr. parl.* Vol. IX, tomo I, de p. 330 a p. 352.

Coltivazione a cereali sopra un rubbio di terreno in pianura col detto sistema.

Ricavo lordo	L. 2.860,00
Spesa	» 2.379,60
Ricavo netto	L. 480,40

Masseria di 3.000 pecore nell'Agro Romano.

Ricavo lordo		L. 61.509,25
Spese	L. 50.065,00	
Tasse	» 4.640,00	
		» 54.705,00
Ricavo netto		L. 6.804.20

Cereali e masserie di pecore nell'Agro Cornetano.

Coltivazione di un rubbio di terreno seminato a grano sul maggese in quel territorio.

Ricavo lordo	L. 550,00
Spesa	» 464,84
Ricavo netto	L. 85,16

Masseria di 2.000 pecore nel detto territorio.

Ricavo lordo	L. 37.447,50
Spese	» 29.720,00
Ricavo netto	L. 7.727,50

Tenuta di ettari 600 di media fertilità nel circondario di Viterbo.

Ricavo lordo	L. 31.469,50
Spese	» 22.982,50
Ricavo netto	L. 8.487,00

Tenuta di 300 ettari a cereali nello stesso territorio misti di valle e di colle.

Ricavo lordo	L. 96.953,50
Spese	» 66.540,30
Ricavo netto	L. 30.413,20

Dans les budgets A) de la Toscane nous remarquons une grande spécialisation, tant pour ce qui concerne la distinction des *zones*, que pour la distinction des dépenses. Cela montre que dans une enquête privée on aurait difficilement pu recueillir un plus grand nombre de renseignements. Je crois que cela n'aurait pas même été possible à des autorités publiques, si elles n'avaient pas un mandat spécial et des fonds spéciaux. D'ailleurs, suivant aussi l'avis de personnes très compétentes en cette matière, nous ne possédons pas de documents plus récents sur ce sujet.

Nous trouvons dans ces budgets que dans le rapport brut de frs 840 (voir 2me colonne), le maximum du produit brut, le propriétaire a un profit net de frs 258.33 (dernière colonne), c'est à dire un peu moins d'un tiers; et sur le plus petit rapport brut de frs 73.20, il a frs 30.96, c'est à dire plus q'un tiers. Cette proportion se conserve dans le rapport brut moyen de frs 474.28, sur laquelle somme il touche frs 107.01. En gènèral il a toujours plus d'un tiers dans les rapports bruts des autres *zones* et des autres cultures.

Dans les budgets B) relatifs à la Marche septentrionale, c'est à dire aux provinces de Pesaro, Ancône et Macerata, nous trouvons pour la plaine une rente brute de frs 6,239.11 par 25 hectares, et une rente nette de frs 2,133.59; et pour cela les dépenses s'élèvent à frs 4,105.52, c'est à dire environ 2:3 de la rente brute. Les deux tiers sont atteints aussi dans les comptes suivants: type grand de colline, rente brute frs 5,399, rente nette 1,994.24; type petit de colline, rente brute frs 3,148.67, nette 1,115.66.

En passant aux budgets de la Marche méridionale, et avant tout au territoire de Fermo, nous trouvons que, dans le terrain de première classe sur une rente brute d'ensemble de frs 2,220.20 (sixième colonne), on attribue au propriétaire un revenu net de frs 723.91 (quatorzième colonne), c'est à dire presque exactement le tiers. Dans le terrain de seconde classe sur un revenu brut total de frs 1,664.72 (sixième colonne), on attribue au propriétaire un revenu net de frs 481.42 (quator-

ziéme colonne), c'est à dire entre le quart et le tiers du revenu net. Dans le terrain de troisième classe, sur une rente
brute de frs 973.04 (sixiéme colonne), on attribue au propriétaire un revenu net de frs 192.52 (quatorziéme colonne), c'est
à dire le cinquiéme de la rente brute totale.

Mais il faut considérer que le second et le troisième terrain ne sont pas à métayage parfait, parceque le colon a droit
à une partie de céréales plus grande que celle du propriétaire
(septième et huitième colonne). J'ai voulu ajouter cependant
ces deux derniers budgets, qui concernent une *zona* bien res-
treinte des Marches, pour montrer que les proportions sont
en tout cas plus avantageuses pour la propriété que dans
l'*Agro Romano.*

Quant au territoire d'Ascoli Piceno, quoique dans les
budgets qui le concernent manque le rendement brut total,
toutefois, pour pouvoir le comparer avec le rendement net du
propriétaire, nous pouvons établir ce rendement brut en fai-
sant la rèconstruction suivante:

Revenu net du terrain	frs	712.00
Total des dépenses	»	445.00
Partie du métayer frs 712 + 445 . .	»	1,157.00
Revenut brut .	frs	2,314.00

On voit par ce compte que le revenu net du propriétaire
n'est pas beaucoup au-dessous du tiers du revenu brut.

En procédant de la même façon, nous trouvons que le
troisième terrain, type de montagne, cultivé à céréales et pos-
sédant un bois et des arbres fruitiers atteint le tiers. Le second
terrain, type de *mezzina*, cultivé à blé chanvre, plantes maraichères et herbages, ne l'atteint pas. Mais l'emploi de frs 800
en engrais et irrigations nous revèle tout de suite le caractère
industriel de cette culture.

Nous examinerous maintenant les budgets C) de l'*Agro
Romano.*

Relativement au premier budget: *Conto di una tenuta de*

ettari 2,000, nous devons noter avant tout que la terre a la rotation suivante: dans la première année le blé sur la jachère, dans la deuxiéme le blé sur le cultivé, dans la troisième et la quatrième repos à pâturage (1). De sorte qu'il n'est pas étonnant, comme nous avons dit en traitant de la production, si, après deux ans de pré naturel engraissé par le pâturage, le blé donne des récoltes assez abondantes. Il faut considérer cependant que les deux années de repos à pâturage sont, avec le métayage, employées dans des cultures plus profitables, comme le serait par ex. le pré artificiel en comparaison du pré naturel.

Dans ce premier budget nous trouvons un rapport brut de frs 151,317.05, dont en ayant déduit les dépenses, il resulte un profit net de frs 34,958.03. Nous voyons donc que les frais d'exploitation ont absorbé plus de 3/4 de la rente.

Bien plus lourd pour la rente est le deuxième budget: *Un rubbio di terreno in collina a cereali* (2). Nous avons en effet un rapport brut de frs 840, une dépense de frs 803.13, un profit net de frs 36.87 seulement.

Dans le troisième budget: *Un rubbio di terreno a cereali in pianura*, nous avons un rapport brut pour le maïs et le blé pendant quatre ans, de frs 2,860 en comparaison d'un profit net de frs 480.40.

Dans le quatrième budget: *Masseria di 3,000 pecore*, on a le rapport brut de frs 61,509.25 en comparaison d'un profit net de frs 6,804.25.

Dans le cinquième budget: *Cereali e Masseria di pecore nell'Agra Cornetano*, on trouve les proportions suivantes. Dans le compte de la culture d'un *rubbio* de terrain ensemencé de blé sur la jachère: rapport brut frs 550, profit net frs 85.16. Dans le deuxième compte d'une *Masseria* de 2,000 têtes: Rapport brut frs 37,447.50, profit net frs 7,727.50.

---

(1) *Inch. Agr. Parlam.*, vol. IX, tomo I, de p. 330 à p. 352.
(2) Le *rubbio* correspond à peu près à 2 hectares.

Finalement nous avons deux budgets du territoire de Viterbo, l' un d' un terrain de 600 hectares dans des conditions
de fertilité moyenne : actif frs 31,469.50, profit net frs 8,487,
de sorte que, en divisant le total par 600 hectares on aura par
hectare la somme dérisoire da frs 14.14 dont il faudrait encore
déduire les impôts qui n' ont pas été calculés dans le passif ;
l' autre compte d' un domaine de 300 hectares à céréales : actif
brut frs 96.953,50, profit net frs 30.413,20.

De toutes ces proportions on déduit que les frais d' exploitation sont moins considérables dan le métayage que dans l' exploitation directe.

Petites exploitations à culture intensive.

On pourrait nous objecter, que nous négligeons dans ces
comparaisons les terrains à culture intensive et très fraction-
nés, qui donnent néammoins un rendement si élevé dans les
pays du Midi, surtout dans les voisinages des grands centres,
des voies de communication et du littoral. Mais personne ne
pourra soutenir que ce soit un système normal. M. Desideri (1)
par exemple raconte que le Prince de Sulmona, désireux de
faire une chose utile à ce pays, détacha, il y a quelques années, de sa propriété de Pantano une pièce de terre de 180
rubbia (environ 350 hectares), et après les avoir partagés en
fermes de 5 *rubbia*, les offrit en louage perpétuel aux habitants
de la commune de Monte Porzio, avec l' obligation de les améliorer et de les cultiver en vigne et en olivier contre un bail
de 50 frs par *rubbio*. Et bien, on peut considérer cette tenta-
tive comme complètement manquée parce que, à part trois ou
quatre fermes améliorées la plupart de 180 *rubbia* de terrain
sont restés dans leurs conditions premières. Donc ces petits
louages à amélioration n' offrirent non seulement pas aux bail-

---

(1) DESIDERI, *Bonificamento agrario della campagna romana*, Rome, Forzani,
p. 22.

leurs un rendement net pour pouvoir améliorer les terrains, mais pas même pour y vivre de leur travail.

Sans des capitaux fonciers complémentaires et sans des capitaux d'exploitation, comme dans le grand fermage industriel de l'Italie du Nord et dans le métayage de l'Italie Centrale, il est inutile de songer à une rente nette élevée. En outre avec une exploitation irrationnelle le terrain devient stérile. C'est ce qui arrive dans les collines de l'*Agro Romano*, comme dit M. Desideri, cultivées encore maintenant avec des méthodes très primitives.

Petites valeurs économiques dans le métayage.

Le très grande variété de cultures en Toscane procure au paysan une occupation constante pour toute l'année, ce qui est un phénomène important, dont il faut tenir compte comme une des raisons principales de la réussite du métayage. Le propriétare trouve dans son sociétaire le colon un collaborateur précieux, dont l'assiduité et la diligence sont assurées par l'intérêt que celui-ci a dans la production de la terre. Il n'y a pas d'énérgies qui se perdent. Le paysan convalescent, comme le vieillard inhabile au travail, qui pendant que la famille est dans les champs reste à la garde des produits; la fillette qui recueille l'herbe des fossés; l'enfant qui distribue le son et le gland aux porcs, apportent tous une contribution, quoique minime par leur ouvrage personnel. C'est par ce concours de forces minimes, mais toujours en action, que le propriétaire reçoit un précieux avantage, n'étant pas obligé de rétribuer d'une façon spéciale ces petits services.

Capital, machines et travail manuel dans le métayage.

En Toscane on ne met un terrain à métayage que lorsqu'il s'y trouve déjà de nombreuses plantes fruitières, parceque autrement le métayer ne trouverait pas dans sa ferme une occupation constante pour toute l'année, et le prix de la main d'oeuvre augmenterait jusqu'à rendre excessive la rétribution faite avec la moitié du produit. Et quoique dans la culture des arbres fruitiers le capital entre comme facteur principal, il ne convient toutefois pas, à cause des soins extraordinaires dont ils ont besoin, de faire cette exploitation avec des fermiers ni pas même pour son propre compte avec une main d'oeuvre salariée ; à moins que la culture ne soit centralisée et en même temps étendue.

On accuse aussi le métayage d'exclure les machines de l'agriculture, lesquelles permettraient de restreindre les frais de main d'oeuvre. Mais cette accusation n'a maintenant plus de raison d'être. Cependant dans ce qu'elle peut avoir de vrai, elle se rapporte à l'obstacle que les arbres fruitiers, pour lesquels dans l'Italie Centrale on prodigue des capitaux de plus en plus considérables, présentent à l'emploi des machines. Mais afin que le capital relativement fort qu'on emploie dans les machines agricoles puisse rapporter un profit suffisant, il faut qu'elles soient appliquées principalment à de vastes éten- dues et avec une grande centralisation dans les administrations agricoles. Or ce ne sont pas les conditions du métayage en Italie (lequel cependant n'est pas inconciliable avec la grande pro- priété). Mais qui osera tout de même affirmer que le prix de la main d'oeuvre dans le métayage de l'Italie, surpasse l'in- térêt des forts capitaux que les machines exigent ?

Nous finirons en citant des justes remarques de M. Paul Leroy-Beaulieu et de Gino Capponi. M. Leroy-Beaulieu (1), en général peu enthousiaste de la participation de l'ouvrier aux bénéfices de l'industrie, fait remarquer qu'elle est surtout utile dans les sources de production où la main d'oeuvre entre pour une grande part, où le zèle et la bonne volonté du tra- vailleur ont une grande importance, et où la surveillance de l'ouvrier est fort difficile. Or cela est précisément ce qui ar- rive dans les cultures, pour lesquelles nous avons trouvé le métayage le plus approprié à l'Italie.

---

(1) LEROY-BEAULIEU, *La question ouvrière au XIX siècle*, Deuxième partie, chap. I.

Gino Capponi observe (1) : « Dans notre système la main
d'œuvre est la plus coûteuse, si l'on se rapporte à la partie
qui va au propriétaire, par opposition à ce qu'il faut pour les
dépenses de culture et pour l'entretien du cultivateur. C'est
la moins chère, si l'on calcule l'accroissement des produits
qu'on obtient de cette manière, et si l'on considère que l'entretien du paysan constitue un surplus qui vient de la terre
et que notre sol ne pourrait pas produire d'une autre façon ».

(1) GINO CAPPONI, *Sui vantaggi e svantaggi della mezzadria*, Bibl. dell'Econ., Turin, 1860, serie II, vol. II, p. 580.

CHAPITRE II.

EFFETS SOCIAUX DU MÉTAYAGE

— —

CHAPITRE II.

Effets sociaux du métayage

———

Nous diviserons en trois sections nos explications sur les effets sociaux du métayage.

Dans la première nous verrons si la division de la propriété est maintenue par le métayage dans les limites requises par l'intérêt général; dans la seconde, si la population y trouve les éléments de justice et de bien-être auxquels elle a droit; dans la troisième, s'il peut contribuer à la pacification des classes sociales.

Section I.

Effets sur la division de la propriété.

Avant de commencer à considérer les effets du métayage sur la division de la propriété foncière, il est nécessaire de déterminer ce qu'on doit entendre par grande, moyenne et petite propriété. De Foville (1) classe ainsi la propriété, relativement à son étendue: très petite jusqu'à deux hectares, petite de 2 à 6, moyenne de 6 à 50, grande de 55 à 200, très grande au dessus de 200.

Mais nous ne nous arrêterons pas à une distinction matérielle, mathématique, d'un certain nombre d'hectares. Nous

---

(1) DE FOVILLE. *Le morcellement de la propriété,* p 134.

chercherons une classification moins brutale, se rapprochant davantage de la réalité.

Nous appelerons *propriété moyenne* celle qui comprend l'étendue de terrain qu'une moyenne famille rurale peut elle même cultiver et faire rapporter, de façon à en tirer une subsistance aisée et continue, que cette terre soit à elle, ou qu'elle en ait seulement la tenure. C'est ce type de propriété que nous considérons comme la meilleure armature de l'agricolture nationale.

Par *petite propriété* nous entendons celle qui est tellement fragmentaire que ses produits ne suffisent pas à faire vivre une famille moyenne.

Nous entendons par *grande propriété* celle qui produit sensiblement plus que l'entretien de cette famille moyenne.

Nous entendons enfin par *latifundium* une vaste étendue de terrain, au dessus de 500 hectares, par exemple, sans aucun ou bien avec de très rares bâtiments ruraux, dans laquelle le pâturage se succède à la culture des céréales, faite avec un outillage primitif et sans autre moyen de fertilisation que l'interruption annuelle ou biennale de la culture et la fumaison produite par les troupeaux, et dont le propriétaire ne s'occupe pas lui-même utilement.

De ces quatre types de propriété, deux sont généralement jugés mauvais par les économistes, le *latifundium* et la *petite propriété*.

Le *latifundium* peut être remunérateur pour le propriétaire, mais il ne l'est jamais pour la société; et comme il est la conséquence d'un certain état social peu en progrès, il devient permanent, en s'opposant avec ténacité à son amélioration. L'agriculture du *latifundium* donne au propriétaire le minimum d'ennuis. Voilà encore la raison pour laquelle tous les effors faits pour morceler les *latifundia* restent inutiles.

Dans ces vastes domaines un travail de quelques mois seulement par année suffit. Par conséquent, même si l'air est sain il ne convient pas au paysan d'y habiter. Que ferait-il dans le reste de l'année? Les fonds restent donc déserts. Si même il y a des maisons de paysans on les voit abandonnées, et elles finisseet par s'écrouler. Les paysans rentrent en ville et ils ne s'attachent pas à la terre. Il en est ainsi en Sicile.

Comme pour cultiver ces domaines vastes et déserts il faut pourtant an certain capital et se donner une certaine peine, les propriétaires, pour vivre tranquils, se servent d'intermédiaires qui apportent le capital et prennent à leur compte les ennuis. Ceux-ci n'ont aucun intérêt à dépenser pour des améliorations mais ils exploitent le plus possible le terrain : souvent même ils le souslouent, on peut imaginer avec quel avantage pour le cultivateur subalterne. Et parfois, non seulement il ne suffit pas à ces derniers, que le malheureux arrive à peine à prendre une partie minime de la rente, comme rétribution de son travail, mais ils emploient avec lui-même l'usure, en le tenent sujet avec une dette perpétuelle. Cela arrive couramment en Sicile et dans l'*Agro Romano*.

Quant à la petite propriété, qui, comme on a dit, fut avec raison appelée la cause du prolétariat agricole, elle procure une vie bien misérable aux cultivateurs de leurs petits champs s'ils n'ont pas d'autres ressources en dehors de ceux-ci. Si dans quelques régions ce fractionnement ne produit pas toujours et partout de si tristes conséquences, c'est parceque ces cultivateurs emploient dans leurs petites propriétés les épargnes faites sur leur travail ailleurs. La petite propriété leur donne une rente supplémentaire la principale est en déhors de cette propriété. Et dans ces cas les prix de fonds finissent par atteindre de prix excessifs dus à l'attachement ridicule de ces propriétaires à cette minuscule propriété foncière, qui a son origine dans leur affection pour le pays natal. Cela les amène souvent à l'usure et à des litiges judiciaires, qui absorbent parfois tout ce qu'ils gagnent par ailleurs.

Nous n' hésitons donc pas à affirmer que l'inconvénient du fractionnement de la propriété est dans un certain sens plus grave que son éténdue excessive ; et parfois l'un mène à l'autre. Ce phénomène du morcellement de la petite propriété et de sa dispersion produit continuellement comme resultat la misère

des petits propriétaires. Cet émiettement représentant l'extrème
dégénération de la petite propriété est un signe évident de la
crise qu'elle ne peut pas éviter. Cette crise se manifeste, comme
dans certaines contrées de l'Italie, par les ventes judiciaires,
par lesquelles la petite propriete arrive a tomber dans le gouffre
vorace de la grande.

Après avoir vu les inconvénients du *latifundium* et de la
trop petite propriété, qui représentent les deux types condam-
nés par les économistes, nous passerons à considérer les deux
autres, par eux reconnus les meilleurs, c'est à dire la grande
et la moyenne propriété.

Personne voudra nier que les grands domaines, d'une
étendue pas si excessive que les *latifundia*, et cultivés avec
une méthode industrielle, comme ceux de la plaine du Pô,
soient conformes aux intérêts de la propriété et de la société (1).
Mais cela arrive lorsque les conditions du sol et du climat donnent une prédominance du facteur capital sur le facteur travail. L'intérêt de la production peut même, dans ce cas, être
contraire au fractionnement de la propriété. L'agriculture a
fait de grands progrès dans ces vastes domaines par l'emploi
des eaux d'irrigation et l'application de la science hydraulique.
Cela est largement prouvé, dans l'Italie du Nord, par la production très élevée, comme nous avons vu, du lait et du riz.

La propriété moyenne offre aussi les plus grands avantages économiques et sociaux, et représente le fondement et la
base de la famille du coltivateur.

Quant à la production, la propriété moyenne réussit très
bien dans la culture intensive, si bien que 10 hectares de terre
donnent plus que le dixième de 100 hectares abandonnés à la
culture extensive; et ils donnent aussi presque chaque année
la même rente. Le système colonique ne se trouve bien appli-

_____

(1) J'entends *pour la société* en ce qui concerne la production non la retribution
du travail, qui, comme nous verrons dans la section qui suit, est parfois minime dans
les grandes exploitations industrielles de la vallée du Pô.

qué que là où propriété est divisée, ou du moins là où domine la
petite culture. Quant à la rétribution du travail, là où les
propriétaires sont plusieurs, le sort des travailleurs est toujours meilleur. C'est peut-être en cela que consiste un des plus
grands avantages de la division de la terre. La propriété moyenne est favorable à la variété des cultures, fournissant au
colon travail et récolte dans presque toutes les saisons de
l'année. Si l'année est mauvaise et que l'un des produits est
détruit, il reste les autres. C'est justement ce type de propriété
moyenne qui triomphe en Italie, là où le métayage existe, c'est
à dire dans la Toscane, dans les Marches, dans l'Ombrie et
dans la Romagne (1).

Dans la Toscane les domaines ont en général une surface
variable entre 5 et 15 hectares environs. M. Sonnino (2) dit
que la propriété en Toscane n'est ni petite ni grande; mais
moyennant le métayage on concilie même la propriété étendue
avec la petite culture, en évitant plusieurs désavantages qu'elle
présente lorsqu'elle se concilie avec la propriété trop morcelée
ou en est une conséquence.

Dans les Marches et dans l'Ombrie les morceaux de terre
inférieurs à un hectare occupent une très petite partie de la
surface. Le doct. Ghino Valenti (3) démontre aussi dans une de

(1) Au sujet de la division de la propriété en Italie, nous regrettons de répéter,
que nous ne pouvons pas nous baser sur des documents bien clairs. Ce qui nous aurait
le plus servi pour notre but aurait été le nouveau cadastre. Mais, à la fin de l'exercice
financier 1 juillet 1903-30 juin 1904, dans 6 provinces seulement ce cadastre, complètement fini, entra dans sa période de conservation. Des indications assez complètes nous
seraient fournies par les rapports de l'Enquête Agraire; mais, comme elles ont été ré-
sumées et complétées par d'autres plus récentes, dans deux publications de 1906, nous
nous servirons de celles-ci. Les auteurs en sont le Doct. E. Marenghi et le Doct. G. Fabbrini, dont le premier fait précéder son étude de la remarque suivante : « On n'a pas
à ce sujet des données récentes; mais, puisque nous traitons d'une condition de fait
qui ne change que lentement avec le temps (aussi parce que le fractionnement pro-
gressif, déterminé par les successions et par d'autres causes, est en partie neutralisé
par les recompositions, à la suite de permutations, achats, ventes etc.), nous pouvons
nous servir des données offertes par les publications ministérielles, plutôt anciennes,
sans craindre de trop nous éloigner de la vérité.

(2) SONNINO, *La mezzadria in Toscana*, p. 194.

(3) G. VALENTI, *L'economia rurale nelle Marche*, Macerata, 1888, p. 34.

ses publications, que dans les Marches n'existe pas la grande culture, mais seulement la moyenne, ce qui découle aussi du fait qu'on a en moyenne une maison tous les 8 hectares des terres labaurables.

Dans l'Emilie et dans la Romagne les domaines ne sont pas non plus d'une grande étendue, exception faite de la province de Ferrare qui pénètre dans la plaine du Pô. Ce n'est pourtant pas le morcellement excessif que nous avons trouvé dans d'autres régions (1).

En passant à l'Italie du Nord, la propriété est très morcelée dans la partie montagneuse du Piémont, de la Lombardie, de la Vénétie et la Ligurie. Dans l'arrondissement d'Aoste par ex. il est rare de trouver des terrains d'une étendue supérieure à un hectare, et dans la Valtelline, de quelques dixièmes ou centièmes de perches métriques. Dans l'arrondissement de Côme des centaines de propriétaires ont des champs inférieurs à une are. Dans le district de Latisana (Udine), la surface cultivée, de 16,000 hectares est subdivisée en 84,000 morceaux distribués entre 11,000 Raisons; de sorte que l'étendue de chaque morceau est un peu plus d'un sixième d'hectare. En Ligurie on trouve même des propriétaires de 5 ou 6 plants d'oliviers, d'une are de terrain et même de moins. Mais, à côté de cette propriété très subdivisée, dominent, dans la partie plate de ces régions, les grands domaines (2).

(1) Dans le Latium qui se trouve entre l'Italie Centrale et l'Italie Méridionale, nous trouvons le *latifundium* dans la plaine et la petite propriété, inférieure à un hectare, dans les hautes parties. En 1871 (R. PARETO, *Relazione sulle condizioni agrarie ed igieniche della Campagna romana*, Firenze, Genova, 1872) la Direction du *Censo* à Rome publia des statistiques sur l'*Agro Romano*, desquelles on relève que sur 393 domaines d'une surface totale de hectares 303.348,06 il y en avait 48 qui dépassaient les 1000 hectares, avec une surface totale de 95.291,21 hectares, c'est à dire presque la surface entière de l'*Agro Romano*. Les domaines de plus de 2000 hectares étaient au nombre de 15, ceux de 2000 à 3000 de 7, ceux de 3000 à 7400 de 8.

(3) Le mot de Pline le jeune : *Latifundia Italiam perdidere*, a besoin de quelques explications et distinctions. On ne peut pas vraiment dire que le *latifundium* domine maintenant en Italie. Elle peut être au contraire appelée, dans un certain sens, le pays par excellence de la petite et moyenne propriété. Ce qui ne veut pas dire que dans certaines régions, depuis une époque très ancienne, le *latifundium* ne représente pas

En passant à l'Italie du Sud, la grande propriété prévaut en Basilicate, dans la Calabre et dans les Pouilles, où les domaines arrivent et dépassent parfois les 1000 hectares.

En Sardaigne le fractionnement se trouve à côte de la grande propriété, constituée de terrains communaux (environ 600,000 hectares), de quelques domaines privés, qui ont une étendue de plusieurs milliers ou centaines d'hectares, et de ceux *ex-ademprivili* du Domaine (environ 200,000 hectares). Dans les endroits où la propriété est fractionnée, les différents morceaux de terrains n'arrivent pas à un hectare.

En Sicile pareillement les grandes propriétés se trouvent à côté de propriétés très divisées. M. Genovese (1) cite cet exemple: « La Commune de Contessa Entellina, dans la province de Palerme, a un territoire d'environ 9,000 *salme* (la *salma* de Contessa correspond à hectares 2.67). Et bien, combien en possède la généralité de ses 3,000 habitants? A peine 300 *salme*, précisement le 3 pour cent de tout ce vaste territoire! Et les autres 8,700 *salme?* C'est inutile de le dire: exception faite d'une très petite partie qui appartient à d'autres petits propriétaires, elles sont toutes possédées par tout au plus un vingtaine de rentiers, princes, comtes, barons, chevaliers ». Le cas d'Entella, dit M. Colajanni, est pareil à celui de cent autres communes de la Sicile.

M. le Marquis Cappelli (2), président de la Société des Agriculteurs Italiens, dans un important discours prononcé à la Chambre des Députés pendant la discussion générale du Projet de loi sur les *Provvedimenti* (dispositions) pour les pro-

---

la forme principale et la plus caractéristique de la propriété rurale, comme dans la Calabre, dans les Pouilles, en Sicile, en Sardaigne et dans l'*Agro Romano*. C'est précisement à ces régions qu'on appliqua le mot de Pline. Dans une carte de l'Italie agricole, dans laquelle figurerait avec des couleurs différentes la petite, la moyenne, et la grande propriété, il sauterait tout de suite aux yeux que le sol cultivé voué à cette dernière, en comparaison de celui qui appartient aux deux autres, et surtout à la première, se limite à une étendue plutôt faible. Parceque, même à côté de plusieurs *latifundia* du Latium et de la Sicile p. ex., il existe une propriété allodiale et enphytéotique très fractionnée.

(1) GENOVESE, *La questione agraria in Sicilia*, Milan, 1894, p. 57.

(2) *Bollettino della Società degli Agricoltori Italiani* du 31 août 1905, p. 514.

vinces méridionales y compris la Sicile et la Sardaigne, s'ex-
prima ainsi: « En général dans le Midi nous rencontrons deux
extrèmes, la propriété très grande et la propriété très petite.
Nous avons une propriété morcelée, qu'il est impossible de
cultiver d'une façon rationnelle et avec cette économie de travail propre à une économie en progrès; et nous avons par
contre une propriété très grande difficile a cultiver, surtout à
cause de l'insuffisant capital mobile qu'il y a dans le Midi. Or,
ne serait-il pas possible d'ajouter un article par lequel soient
exemptés de l'impôt de transfert de la propriété les contrats
par lesquels on réunit plusieurs morceaux de terrain, qui par
exemple ne dépassent pas un ou deux hectares, et que d'autre
part en soit exemptés les contrats par lesquels on partage les
grandes propriétés, celles par ex. qui dépassent deux ou trois-
cents hectares? Je crois qu'avec une telle disposition on ferait
un pas d'une certaine importance vers la création de la propriété en mains du cultivateur, dont on parle au début de ce
chapitre de la loi. « On voit clairement par ce discours très
récent du Président de la Société des Agriculteurs Italiens,
qu'on doit croire comme le plus compétent dans ces questions,
que la très petite et la très grande propriété sont le plus grand
inconvénient du Midi de l'Italie, inconvénient que nous ne
rencontrons pas dans l'Italie Centrale.

Après avoir vu quelle est la division de la propriété la
plus conforme à l'intérêt général; après avoir vu comme cette
division est précisement promue et maintenue par le métayage
dans le centre de l'Italie, nous souhaitons la diffusion de ce
contrat là où la propriété est excessivement fractionnée et
spécialement où domine le *latifundium* avec ses tristes conséquences (1).

---

(1) Nous donnons ici les indications des deux publications qui nous ont été le plus
utiles pour la rédaction de cette section: MARENGHI, *La funzione sociale della proprietà*,
Piacenza, Porta ed., 1906; FABBRINI, *La crisi della piccola proprietà in Italia. Rivista
internazionale di scienze sociali*, décembre 1906, p. 519.

Section II.

Effets sur la population.

Nous traiterons dans cette section les trois points suivants:

1. Le métayage et le bien-être de la population agricole.

2. Le métayage au point de vue spécial de la population.

3. Le métayage et l'émigration.

1. — *Le métayage et le bien-être de la population agricole.*

Pour bien étudier les effets du métayage sur le bien-être du cultivateur, nous nous demanderons si le métayer italien gagne plus qu'il ne gagnerait comme ouvrier agricole salarié, car dans les régions de l'Italie où domine le métayage il ne peut être question de comparer le métayage au fermage, le paysan n'ayant pas le dégré de developpement économique ni les ressources nécessaires pour se faire entrepreneur agricole indépendant, c'est à dire fermier.

D'aprés Bertagnolli (1) le métayer gagne moins que l'ouvrier agricole, car si le propriétaire préfère le métayer au salarié, c'est précisement parce qu'il le paye moins. Cette vue est trop superficielle pour ne pas être fausse. Chacun sait que si les propriétaires préfèrent les métayers, c'est parce que ceux-ci ayant un intérêt direct dans l'exploitation commune, feront rapporter davantage à celle-ci, et cela au profit des deux parties.

Ceci dit, laissons la parole aux chiffres qui sont plus décisifs que certains raisonnements a priori.

Nous demanderons successivement à la statistique: 1. quelle est la rétribution moyenne du métayer de l'Italie du Centre calculée, *a)* par journée, *b)* suivant les systèmes de M. M.

---

(1) Bertagnolli, *La colonia parziaria*, p. 110.

Faina, Bruttini et d'autres: 2. quelle est la rétribution de
l'ouvrier agricole de l'Italie du Nord, de l'Italie Méridionale
et des Iles. Et nous pourrons ainsi comparer la situation res-
pective de ces deux catégories d'agriculteurs; le métayer et
l'ouvrier agricole.

I. — *Rétribution moyenne du métayer de l'Italie du centre.*

a) *Rétribution du métayer par journée, suivant les données de M. M. Ridolfi, Carega et l'Enquête Agraire Parlamentaire.*

On établit les chiffres auxquels corresponderait individuel-
lement la participation du métayer. M. Ridolfi (1), en dédui-
sait que le salaire journalier du métayer s'élevait à peine à
30 centimes; et aurait pu difficilement atteindre 40 centimes.
Il entreprit la culture de certains de ses domaines avec une
main d'oeuvre; et le gain des métayers devenus salariés serait
monté à peu près au double, sans préjudice, paraît-il, pour
la production. Est ce possible?

M. Carega (2) fit la même exspérience, et alléga à peu
près les mêmes résultats.

Mais le calcul de la rétribution journalière du colon né-
glige, dans ces deux cas, plusieurs éléments qui doivent être
pris en considération, comme nous le verrons, en étudiant
plus loin les théories de M. Faina. Ces éléments sont en général négligés même dans l'Enquête Agraire Parlamentaire. Le
rapporteur du sous-comité de Fermo (Marches) (3) estime le
salaire journalier du métayer, dans les petites colonies, à 28-30
centimes, et, dans les grandes, à 40-45. Le sous-comité d'Ascoli
à 68. Le sous-comité de Macerata à 37 centimes dans les domaines à la plaine, à 49 dans les grands de colline, à 35 dans

(1) RIDOLFI, *Della mezzadria in Toscana*, Bibl. dell'Econ., serie II, vol. II, p. 603.
(2) CAREGA, Lettere a G. Pinna Ferrà, *Economista*, Florence, 1878.
(3) *Inchiesta Agr. Parl.*, vol. IX, tomo II, p. 593 e 594.

les petits de collines, à 28 dans les suburbains. Dans la province d'Ancône, les rapports le font élever au chiffre de 48 cts pour un grand domaine de plaine, de 46 pour un grand de colline, de 43 pour un petit de colline, de 32 pour un grand suburbain; et, à base de considérations plus favorables, de 59 pour un domaine de plaine, 56 pour un grand domaine de colline, 55 pour un petit de colline, 43 pour un domaine suburbain.

b) *Rétribution du mètayer suivant les jugements du sénateur Faina, de M. Bruttini et d'autres* (1).

M. Faina n'est pas tombé dans la même faute, guère excusable, que Ridolfi, Carega et l'Enquête Agraire, de considérer comme travailleurs tous les membres de la famille du colon, ou du moins tous au même degré. En effet les sous comités et les commissaires de l'Enquête partagèrent le rendement net du colon entre tous les membres de la famille; et voilà comment les rémunérations journalières du travail résultent très basses, et sans doute insuffisantes au besoin. Or, on ne prétend pas affirmer que les métayers soient largement retribués, mais il ne faut pas non plus tomber dans l'exagération de les croire moins rétribués que tous les autres travailleurs de la terre et de la ville.

Ce n'est que dans le volume III, p. 471 de l'Enquête Agraire que sont rapportées des données exprimant les aliquotes du gain par chaque unité de travail et de consommation sur 14 fermes toscanes. Mais, comme ce système a été perfectionné et complété par le sénateur Faina, nous suivrons son étude, en laissant de côté l'Enquête Agraire.

« La difficulté pour une enquête relative au salaire des paysans, dit M. Faina (2), augmente sans limite quand il s'agit

---

(1) M. le sénateur Faina vient d'être nommé président du comité international de l'Institut International d'Agriculture à l'unanimité des voix.
(2) FAINA E., Guadagno del colono, *Nuova Antologia*, fasc. 16 mai 1905.

de métayage, dans lequel il ne s'agit pas d'une somme déterminée d'argent, mais d'une quote déterminée de produits exposés à tous les changements de saison et à des causes ennemies, dans lequel l'unité de temps n'est pas la journée mais l'année, l'unité de travailleur n'est pas l'individu mais sa famille, variable à l'infini pour le nombre, le sexe, l'âge et les aptitudes des personnes qui la composent ».

En se basant sur ces considérations et en divisant le profit net de 9 de ses terrains, M. Faina rédige un tableau, dans lequel il établit une proportion entre les travailleurs et les consommateurs de chaque famille de colon, en établissant, dans des colonnes différentes, l'aliquote de gain de chacun des premiers et l'aliquote de consommation de chacun des seconds ; par là on peut établir à quelle partie de la famille du colon on doit vraiment attribuer le gain. Et il détermine, comme il suit, le minimum et le maximum de ration par consommateur et par année, avec le but de comparer avec elle celle qui résulte de ses tableaux. Il évalue dans un numéro unique la quote de consommation sur laquelle il suppute la quote de travail.

Minimum et maximum de ration par consommateur et par année.

		minimum	maximum
Céréales, pour au moins la moitié en blé .	Kilos	240	300
Légumes secs	»	48	60
Graisses, huile, lard etc. . . .	»	6	8
Raisin (1).	»	50	100

---

(1) BRUTTINI, *Contributo alla conoscenza* etc., *Boll. della Soc. degli Agr. Ital.*, du 31 août 1905, p. 593, dit: On sait que le rapport nutritif on l'obtient en partageant le total des matières hydrocarbonates plus les matières grasses, reduites avec le coeflicient 2,44 en matières hydrocarbonates, pour les matières albumineuses.

TABLEAUX COMPARATIFS

Année 1903.

FACTORERIES	LIEUX	GAIN NET	Nombre des travaileurs	Nombre des consommateurs	Aliquote de gain	Aliquote de consommation
S. Venanzio	Caineo	2434,70	5,6	10	434,76	345,47
»	Campogrande	1327,33	4,9	7	270,88	189,61
»	Pergolle	415,33	1,6	5,5	259,58	75,51
Spante	Spante II	1958,20	4,6	9,5	425,69	206,12
»	Caglio	1220,51	5	10	244,10	122,05
»	Po la Tela	283,59	2,3	4,5	123,30	63,03
Castel Giorg.	Massa d. Pallio	1627,98	4,2	10	387,61	162,80
»	Morsoglia	2363,63	3,7	9	638,81	262,62
»	Torsioue	555,25	2,3	4,5	241,41	123,16

Année 1904.

FACTORERIES	LIEUX	GAIN NET	Nombre des travaileurs	Nombre des consommateurs	Aliquote de gain	Aliquote de consommation
S. Venanzio	Caineo	2210,70	5,6	9	394,76	245,63
»	Campogrande	1367,09	4,9	7	278,97	195,29
»	Pergolle	370,92	2,1	6	176,62	61,82
Spante	Spante II	2528,36	4,9	7	278,97	195,29
»	Caglio	1140,25	5	10	228,05	114,02
»	Po la Tela	424,47	1	3,5	424,47	121,27
Castel Giorg.	Massa Pallio	1709,93	4,7	10,5	363,81	162,85
»	Morsoglia	2239,27	3,7	9	605,20	248,80
»	Torsioue	327,47	2,3	5	142,37	65,45

Moyennes de l'année 1903.

		GAIN NET				
Factorerie S. Venanzio		1318,76	4,80	9,75	274,76	135,27
»	Spante	1192,47	4,16	8,80	286,35	135,45
»	Castel Giorgio	2091,90	4,63	9,45	451,19	225,25
		1383,33	4,55	9,62	304,31	143,79

Moyennes de l'année 1904.

		GAIN NET				
Factorerie S. Venanzio		1341,31	4,86	9,72	276,25	137,87
»	Spante	1221,01	4,09	8,69	299,02	140,40
»	Castel Giorgio	1634,68	4,53	9,04	360,35	180,75
		1339,47	4,53	9,25	295,79	144,80

Le sénateur Faina, comme on le voit, a porté comme exemple trois de ses terrains de chacune de ses trois factoreries, des quelles, dans un autre tableau, il donne les conditions du sol, d'exposition, d'étendue, de rente et de dépenses, tableau

que nous avons jugé inutile de reproduire ici, croyant suf-
fisants pour notre but ceux que nous avons produits plus haut.

En les examinant, nous remarquons que dans les familles
coloniques on doit distinguer, comme le sénateur Faina le fait
en effet, la partie qui consomme et celle qui travaille; et l'on
verra que si la partie qui travaille est peut être plus nombreuse que dans une famille d'ouvriers de la ville, il y a aussi
comme dans celle-ci une partie qui consomme et qui ne travaille pas. « Tandis que pour un travailleur adulte, dit M.
Faina, il faut ajouter à la ration d'entretien celle de travail,
pour une femme enceinte ou nourrice et pour l'enfant il faut
ajouter celle nécessaire à leur développement; et pour les
vieillards, si leur nourriture n'a pas besoin d'être très abondante, elle doit au moins être plus nourrissante à cause de
l'affaiblissement de leurs facultés digestives. L'enfant, pendant
sa première année, peut être considéré comme un appendice
de sa mère et ne pas entrer en ligne de compte; tandis que
le garçon arrivé à sa dixième année ne consomme pas beaucoup moins qu'un adulte. En prenant donc une moyenne entre
les deux extrèmes, je calcule les enfants tous au même niveau,
c'est à dire comme équivalant à la moitié du consommateur
type. L'expérience a démontré que ce critérium, lorsqu'il s'agit
de grands chiffres, correspond à la réalité pour ce qui concerne
travailleurs et consommateurs dans les endroits de métayage ».

Mais on pourra remarquer que la quote-part de consommation, soit dans la mesure plus forte de la moyenne annuelle
du premier tableau (frs 262.62), soit dans moyenne triennale
des derniers (frs 144.80) est inférieure à la ration minime que
M. Faina calcule par année pour un paysan consommateur.
Mais soit M. Faina soit l'Enquête Agraire (1) font remarquer
que le métayer utilise beaucoup d'objets. M. Faina calcule en
déhors du tableau, le prix du loyer de la maison rustique à
raison de celui courant dans les villages du territoire. Et cela
est juste, parce que l'ouvrier de la ville paye lui aussi son loyer.

_____

(1) *Inchiesta Agraria*, vol. III, p. 480.

Il calcule également le loyer du jardin potager qui absorbe une partie du terrain en jouissance commune et une partie du fumier aussi commun. Il calcule la consommation des fruits selon la part tolérée par l'usage. Le métayer a la glâne, fait remarquer l'Enquête Agraire; et on ne peut certainement pas dire qu'il reste dans les limites de sa portion du raisin, des fèves etc. Il consomme des plantes maraichères et du combustible plus que ce lui reviendrait. Il se sert du bois du domaine pour faire ses instruments ruraux les plus communs.

En outre il faut remarquer qu'au paysan restent plusieurs journées libres, qu'il emploie dans la transformation ultérieure de certains produits, comme le vin, la salaison des viandes de porc etc. Les femmes ont le temps de s'occuper du blanchissage, de la confection des vêtements et d'autres besognes du ménage.

M. Faina fait aussi remarquer, en se basant sur l'expérience, que les terrassiers n'ont pas une moyenne supérieure à 250 journées de travail effectives par an (1).

Cela explique l'incohérence dans laquelle sont tombés plusieurs rapporteurs de l'Enquête Agraire, en donnant avec le chiffre de ces minimes rétributions journalières celui de plusieurs dots nuptiales qui vont de 419 frs jusqu'à 1628 frs. Où les familles coloniques auraient-elles trouvé tout cet argent si elles avaient des rétributions aussi basses que l'Enquête nous indique?

Pour la Toscane nous avons sur la rétribution du métayage un travail récent de M. Bruttini qui a paru dans le *Bulletin des Agriculteurs Italiens*. En suivant les critères de M. Faina, il fit des calculs très minutieux, et obtint pour 21 domaines les chiffres suivants (2):

---

(1) Le vieillard, le malade, parmi le métayers, peut recevoir plus d'assistance que dans les familles des ouvriers, car les membres de la famille ne sont point retenus au travail par un oraire. Les hommes et le femmes peuvent alterner l'ouvrage avec l'assistence.

(2) *Boll. della Soc. degli Agric. Ital.*, 31 août 1905. A. BRUTTINI, *Contributo alla conoscenza delle condizioni economiche dei contadini mezzadri in Toscana*, p. 587. Nous présentons l'étude de M. Bruttini, qui concerne la Toscane, après celui de M. Faina qui concerne l'Ombrie, parceque M. Bruttini a pris comme base précisement l'étude de M. Faina.

142

Poderi numero	Famiglia colonica Uomini	Donne	Ragazzi	Unità lavoratrici	Unità consumatrici	Guadagno medio annuo netto complessivo. Lire	Guadagno medio netto giornaliero complessivo. Lire (1)	Guadagno medio giorn. per ogni unità lavoratrice. Lire	Guadagno medio giorn. per ogni unità consumatrice. Lire	Guadagno netto annuo per ogni unità lavoratr. Lire	Guadagno medio netto annuo per ogni unità consumatrice. Lire	Passivo medio annuo complessivo (2) Lire	Passivo medio giorn. della famiglia (2) Lire	Passivo medio giorn. per ogni unità lavor. (2) Lire	Passivo medio giorn. per ogni unità cons. (2) Lire	Risparmio medio annuo totale. Lire	Risparmio medio annuo per ogni unità lavoratrice. Lire
1	4	1	2	3.00	5.30	1575	5.25	1.75	0.99	525.00	207.16	1383	3.78	1.26	0.71	192	64.00
2	—	3	5	6.65	6.08	1403	4.68	0.70	0.67	210.97	201.00	1108	3.00	0.46	0.43	295	44.36
3	2	2	7	8.00	9.64	1759	5.86	0.73	0.61	219.87	182.46	1371	3.75	0.47	0.39	388	48.50
4	10	10	11	14.63	21.20	4448	14.82	1.01	0.61	301.03	183.80	3703	10.14	0.60	0.41	745	50.92
5	3	3	5	6.48	8.06	1565	5.21	0.80	0.58	241.52	174.76	1395	3.82	0.50	0.43	170	26.23
6	4	4	6	8.00	11.28	1542	5.14	0.64	0.45	192.75	136.70	1467	4.01	0.50	0.35	75	9.37
7	4	6	7	10.85	18.22	2680	8.95	0.80	0.44	247.83	147.58	2328	6.37	0.58	0.35	361	34.19
8	—	4	4	9.00	9.28	1759	5.86	0.97	0.63	293.16	189.54	1258	3.44	0.57	0.37	501	83.33
9	1	3	6	7.00	7.98	1920	6.40	0.91	0.80	274.28	240.60	1831	5.01	0.72	0.02	89	12.71
10	3	3	7	7.50	9.96	2444	8.15	1.08	0.81	325.86	245.38	2074	5.68	0.75	0.57	370	49.33
11	3	5	6	8.16	9.64	2015	6.71	0.82	0.70	246.63	209.02	1950	5.34	0.65	0.55	65	7.96
12	—	2	7	8.16	11.28	2452	8.17	1.00	0.73	300.49	218.33	2450	6.71	0.82	0.69	2	0.24
13	1	4	5	10.15	14.26	3038	10.12	1.00	0.71	299.31	213.04	2063	8.09	0.80	0.56	75	7.38
14	4	1	5	5.83	6.98	2282	7.60	1.30	1.08	391.42	326.93	1707	4.57	0.80	0.67	575	98.62
15	5	2	3	6.50	8.30	1151	3.84	0.50	0.46	177.07	138.67	1098	3.08	0.46	0.36	53	8.16
16	—	3	6	4.34	6.96	2133	7.11	1.64	1.02	491.47	306.46	1863	5.10	1.17	0.73	270	62.21
17	6	6	6	5.18	7.96	1092	3.64	0.70	0.45	210.80	317.18	1287	3.52	0.67	0.44	—195	—37.64
18	7	2	7	5.66	6.32	1344	4.48	0.79	0.71	237.45	212.65	1190	3.26	0.57	0.51	154	24.36
19	—	—	4	8.02	11.04	2823	9.41	1.17	0.79	351.98	236.44	2423	6.63	0.82	0.55	400	49.87
20	—	2	—	10.17	15.58	2710	9.03	0.89	5.58	266.17	173.94	2407	6.50	0.64	0.42	303	20.79
21	—	2	4	4.66	5.32	1067	3.56	0.76	0.67	228.97	200.56	1055	2.89	0.62	0.54	12	2.57
Medio				7.38	10.32	2057.66	6.85	0.95	0.69	287.51	208.20	1624.33	5.00	0.69	0.51	255.75 (3)	35.70 (3)

(1) Il guadagno è stato calcolato per 300 giorni di lavoro.
(2) Il passivo è stato calcolato per 365 giorni
(3) Questa media si riferisce a 20 poderi, perché il 17° ha un risultato negativo.

« Même pour les meilleurs domaines, ajoute M. Bruttini, il
y en a quelques-uns, comme les nn. 6, 11, 12, et 21, pour lesquels ce qui reste du gain annuel est bien peu de chose. Il
faut pourtant remarquer que ces gains sont augmentés par les
produits de la basse-cour, du jardin potager, des fruits, du
bois, du loyer de la maison et des journées de travail que le
colon fait ailleurs ».

« Il faut aussi noter que bien des familles coloniques
ont de l'argent en dépôt, ou des parcelles de terrain en propriété ». (1)

« Dans les actes du Concours agraire régional de Sienne
se trouve un de mes rapports sur le concours entre les colons
pour l'hygiéne de la maison, où je parle des trés bonnes conditions hygiéniques dans lesquelles on a trouvé plusieurs familles concurrentes et de l'état de prospérité économique des
colons » (2).

« Quoique certains chiffres y expriment la consommation
annuelle pour chaque unité consommatrice soient bien modestes ils sont toujours de beaucoup supérieurs aux chiffres mi-
sérables qui représentent les moyennes de consommation des
journaliers de certaines régions italiennes, parmi lesquelles
nous citerons le Polesine, le Trevigiano, où la consommation
arrive à 11 centimes par jour, plusieurs endroits des Appen-
nins, de la Sicile, de la Sardaigne, de la Calabre, de la Basilicate etc. ». Jusqu'ici M. Bruttini.

(1) Au point de vue strictement économique personne ne nie en Italie que les
effects du contrat de métayage et de l'activité agricole qui en découle ait donné une
sensible augmentation de bien-être au colon. Il est bien connu que le métayer reus-
sisse très souvent à accumuler de l'argent et que plusieurs placent celui-ci en terrains
et dans les Caisses d'Epargne. Il n'est pas exagéré d'affirmer qu'une bonne partie des
millions déposés dans ces établissements appartient aux métayers.

(2) Annali del Minist. d'Agric., n. 182, p. 340.

Du reste, en quoi consistent-elles les habitations où il n'y a pas de métayage,
exception faite pour la Haute Italie ? Il suffira pour le montrer la description que M. Celli
fait de celle de la Campagne romaine (Come vive il campagnuolo dell' Agro Romano,
p. 20). Sont des huttes faites avec des plantes séches, avec un trou à l'entrée, sous lequel il faut se baisser pour entrer; intérieurement de grabats formés de branches d'arbres et dans le milieu un foyer qui remplit la pièce de fumée. L'eau des pluies y pé-
nétre et les parois de branches feuillues ne suffisent pas à retenir le vent.

Comme en outre la misère des métayers va contre l'intérêt du propriétaire, parce que quand ils se trouvent dans des conditions défavorables ils finissent par perdre toute énérgie dans le travail, la plupart des propriétaires tachent d'aider leurs métayers lorsqu'ils se trouvent dans la misère, sans exiger immédiatement le paiement des dettes qu'ils ont avec eux. Le métayer per conséquent, dit Stuart Mill (1), même s'il n'est pas capitaliste, a un capitaliste pour sociétaire, qui remplit la fonction de banquier. Le métayer aussi n'est jamais contraint par le terme dans lequel le fermier doit payer les impôts ou son bail ; et par conséquent il n'est pas obligé à vendre a bas prix et avant la saison la récolte qui récompense son industrie.

Comme complément de ce que nous venons de dire nous reproduirons un compte que M. Sonnino (2) fait dans sa brochure sur le métayage toscan. Il donne la rente anuuelle d'un métayer calculée pour 10 ans, de 1864 à 1873, sur un terrain situé en plaine, d'une étendue de 11 hectares, avec maison rustique à Val d'Evola. La famille, se composait de 10 personnes. La moitié annuelle du paysan, à part la semence calculée pour 10 ans, fut en moyenne celle indiquée ci dessous :

Blé de 1e qual.	hect.	29,20	qui à frs.	25,00	par hect.	donnent frs.		730,00
Seigle	»	6,00	»	15,50	»	»	»	93,00
Maïs	»	47,00	»	15,50	»	»	»	728,50
Haricots blancs	»	2,76	»	20,50	»	»	»	56,58
Haricots noirs	»	5,55	»	8,20	»	»	»	45,51
Chanvre	kilos	7,15	»	0,55	kilo	»	»	3,93
Vin	hect.	36,00	»	23,00	hect.	»	»	828,00
Bénéfice fait en moyenne avec le bétail, pour la moitié du colon							»	320,00

frs. 2805,55

desquels si l'on déduit la moitié des frais d'engrais à la charge
    du colon . . . . » 138,00

on obtient la moitié colonique à part la semence de   frs. 2667,52

---

(1) STUART MILL, *Principes d'économie politique,* liv. II. chap. VIII, § 4. Bibl. dell'Econom., serie I, vol. XII, p. 664.

(2) S. SONNINO, *La mezzeria in Toscana,* p. 37.

Que l' on divise maintenant cette somme suivant les règles données par M. Faina, puisqu' il y a encore des enfants dans la famille, et on verra que la rétribution du colon n'est pas aussi basse qu'il résulte des calculs de M. M. Ridolfi, Carega et de l' Enquête Agraire.

M. Sonnino en outre donne le montant d'une dot nuptial en frs 765 ; et Sismondi, (1) donne un long inventaire de dot d'une jeune paysanne de Val di Nievole, et ajoute que le chiffre moyen de la valeur des dots en Toscane était de son temps de 100 écus, c'est à dire entre 600 et 700 frs actuels. « Peut-on appeler cela pauvreté, se demande Stuart Mill ? (2).

II. — *Rétribution de l' ouvrier agricole dans l' Italie du nord, dans l' Italie du sud et des îles.*

a) *Rétribution de l' ouvrier agricole dans l' Italie du nord.*

Afin que l' on se rende mieux compte de la rétribution et de la situation économique des métayers dans l'Italie Centrale, nous donnerons ci-dessous quelques gains annuels d'ouvriers agricoles du Piémont, de la Lombardie et de la Haute Emilie (c'est à dire anciens-Duchés) dans un tableau rédigé d'après les rapports de l' Enquête Agraire (3), en modifiant certains chiffres d'après nos renseignements spéciaux. Cette zone comprend une grande partie de la plaine du Pô.

---

(1) SISMONDI, *De la condition des agriculteurs en Toscane.* Bibl. dell' Econom., serie II, p. 543.

(2) STUART MILL, *Principes d'économie politique*, Guillaumin Ed. Paris, 1873, liv. II, cvap. VIII, § 3, p. 361.

(3) *Inchiesta Agr. Parl.*, vol. VIII, tome I, de p. 584 à p. 617.

Rétribution des ouvriers agricoles en Piémont et dans une partie de la Lombardie et de l'Emilie.

Arrondis-sements	Bouvier	Femme	Enfant de 12 à 16 ans.	Adven-tice	Sala-rié	Gar-çon de ferme	Gar-dien	Ber-ger
Cuneo	921,40	365	60 n (1)	380,75				
Alba	525		221,80	484,60				
Saluzzo	909	247,10	271,84	560	648			
Torino	542,60	140	140	315		125 n		
Alessandria	530	180	190			& ab		
Ivrea	540	250	65 n. ab.	500			200 n. ab	100 n. & ab.
Aosta		180	40 » »	250 n.ab	330	80 ab.		
Asti	550	250	195	& 1.				
Novi	550	121	173	351				
Novara	718,88	203,90	174	438,60				
Vercelli	787,15	219,10	223,35	617,50				
Biella		225	220	300				
Pallanza		180	165	375				
Piacenza	620	133,10		370,65				
Voghera	524	121,80	165,60	390,10				
»	480							
»	420							
»	400							
»	438							

(1) n. nourri, ab. abillé, l. logé.

On voit par le précédent tableau que, si dans certains endroits des régions indiquées le travailleur de la terre est peut-
être mieux rétribué que le métayer de l'Italie Centrale, dans
d'autres par contre il l'est bien moins. En tout cas, même
dans le premier cas la différence n'est pas grande.

Mais les rentes du cultivateur dans certaines contrées de
plaine en Lombardie sont bien inférieures; de sorte que sa
condition serait bien misérable si l'industrie manufacturière ne
venait pas suppléer au maigre rapport de la main d'oeuvre
agricole. Ce gain supplémentaire provient spécialement de la
femme, qui travaille dans des établissements industriels. Ainsi
s'explique principalement la densité de la population dans la
plaine lombarde (1).

A l'appui de ce qui vient d'être dit, nous trouvons dans
l'Enquête Agraire que dans la province de Lodi par ex. une
famille de colons, composée du mari, de la femme et de trois
enfants encore incapables de travailler, gagne, tout compris, à
peu près frs 550 par an; dans l'arrondissement de Crémone,
le gain annuel perçu par une famille, dans laquelle nous trouvons un cultivateur, le père, un travailleur, le fils ainé, et quatre ou cinq personnes de productivité moindre, est à peu près
de 1000 frs. Dans les autres territoires de la région irriguée,
y compris l'orientale, additionnant le salaire fixe et la participation à certaines denrées, on arrive à une rétribution qui
va de 450 à 600 frs pour chaque famille.

Dans un article paru dans le *Giornale degli Economisti* du
mois de janvier 1894, on affirmait que la misère la plus cruelle
dont souffrent les travailleurs de la terre, se trouve dans les
campagnes les plus fertiles de l'Italie et peut-être de l'Europe,
c'est à dire les *marcite* lombardes. Dans le Milanais, remarque
le sénateur Villari *(Lettere meridionali ed altri scritti sulla questione sociale in Italia)* on résout le singulier problème de join-
dre la plus riche production à la plus grande misère du cultivateur.

(1) *Inchiesta Agr. Parl.*, vol. VI, p. 55.

148

Dans la basse plaine de la Vénétie la rétribution des travailleurs salariés est tout aussi faible que dans la Lombardie; puisque les conditions sont les mêmes.

b) *Rétribution de l' ouvrier agricole dans l' Italie Méridionale.*

Relativement à la main d'oeuvre dans la Latium M. Celli (1) écrit: « Un état de vie presque sauvage, un salaire très bas, une nourriture mauvaise et insuffisante rendent très misérable la condition des cultivateurs de la campagne romaine. A leur charge vivent largement le propriétaire, le grand fermier, le *caporal majeur*, le *caporal* et le *petit caporal* (2). Ce qui reste se reduit à 18 ou vingt sous par jour, sans compter l' usure sur les provisions. Même la colonisation actuelle est un moyen d' exploitation au bénéfice des propriétaires, grands fermiers et caporaux; de sorte que la nourriture des agriculteurs se réduit au maïs et aux légumes ». Suivant M. Desideri (3), « le prix de la journée est environ de frs 1.10 ed 1.30. Sur cette journée le *caporal*, c' est à dire l' accapareur des ouvriers, perçoit le 20, 25, et même le 30 %. Il faut ajouter à tout cela l' énorme usure que ce marchand d' esclaves pratique à l' égard de ces malheureux, rendue encore plus lourde par l' obligation de prendre comme salaire des denrées bien souvent malsaines ».

En passant à la Campania les salaires journaliers sont les suivants: greffeur frs 2.50, émondeur 2, assistant à la moulure des olives 2, bouvier 2.10, journalier 1.25. Mais le travail de la plupart de ces ouvriers n' est requis que pendant une très courte période de l' année.

Dans les Abruzzes, les Pouilles, la Basilicate, et la Calabre la rétribution journalière du cultivateur varie entre 1 et 2 frs.

(1) A. CELLI, *Come vive il campagnolo nell' Agro Romano*, Roma, 1900. Società Edit. Nazionale, pp. 12, 37, 51, 57.
(2) Ce sont des accapareurs des ouvriers.
(3) DESIDERI, *Bonificamento agrario della compagna romana*, Roma, 1883, Forzani, p. 42

M. Franchetti (1) la faisait élever de 17 à 30 sous ; et ajoutait
qu' elle pouvait monter, dans les temps de moisson, jusqu' à 2
frs. M. Angeloni (2), commissaire de l' Enquête pour ces régions, avoue qu' il n' a pu trouver, dans les vastes domaines,
aucun exemple de prospérité agricole. Malgré le progrès de
l' agriculture, les conditions sont restées les mêmes: peu de
propriétaires et une quantité infinie de salariés et colons misé-
rables.

M. G. Tammeo (3) dépeignait sous de sombres couleurs le
tableau des conditions dans lesquelles se trouvait le petit fermier lié à l' amélioration des vignobles en Pouille, quand sur-
vint la terrible crise des vins. Engagé par un bail très élevé,
il se trouva avoir travaillé pour rien, et tomba dans la misère
apres avoir vécu durant des années dans l' espoir d' un avenir
de roses. Pourtant, dit M. Tammeo, la Pouille doit sa renais-
sance économique, toute sa transformation agricole au paysans
et à leurs capitaux.

c) *Rétribution du cultivateur dans les Îles.*

En Sicile le travailleur des champs gagne à peine de 200 à
400 frs par an, lorsque sa santé est dans des conditions nor-
males ; et avec cela il doit entretenir sa famille. A l' époque
de l' Enquête Agraire le prix de la journée était de frs 1.25 à
1.50. Rarement il descendait à 1 fr., et parfois il montait à
1.70 et 1.80 ; mais pour des cultures qui demandaient de cour-
tes périodes de travail. M. Colajanni (4) écrit que les prolé-
taires consacrés aux travaux agricoles et au pâturage in Sicile
prennent des gages qui varient entre 75 et 200 frs par an,

(1) FRANCHETTI, *Condizioni economiche degli Abruzzi, Molise, Calabria e Basilicata*, p. 92.
(2) ANGELONI, *Inchiesta Agr. Parl.*, vol. XII, tome II, partie I. p. 80.
(3) G. TAMMEO, dans l'*Opinione* du 10 decembre 1888.
(4) N. COLAJANNI. *Gli avvenimenti di Sicilia e le loro cause*, Palerme, 1884, p. 66.

outre la nourriture et la faculté de pouvoir garder quelques têtes de bétail dans le troupeau du propriétaire. Mais ce privilège n'augmente le salaire que d'une trentaine de frs par an. Outre les bergers, travaillent à l'année les *garzoni*, de même que la grande masse des journaliers. Suivant les cultures et les saisons, dit M. Colajanni, ils gagnent de 40 cts à un franc par jour ; et il faut encore estimer heureux ceux qui reçoivent un franc quoique seulement pour quelques mois. « En général, continue M. Colajanni, les salaires indiqués par M. Henri La Loggia dans son consciencieux travail sur les *Moti di Sicilia (Giornale degli Economisti*, Mars 1894), sont plus élevés que les précédents. Mais la différence vient du fait que ce dernier a calculé en argent la partie que les travailleurs reçoivent en denrées.

Pour la moisson les salaires s'élevaient autrefois à frs 2.50, plus une copieuse nourriture. Mais depuis deux ans les salaires baissent terriblement et il y a une sérieuse concurrence. Les moissonneurs travaillent maintenant pendant 16 heures de la journée pour 1 franc et parfois même pour 75 cts ».

En Sardaigne l'homme est payé de frs 1.10 à 1.50 et la femme de 60 cts à 1 franc. Dans certains endroits, outre l'argent l'ouvrier agricole reçoit une certaine quantité de vin, et le soir una soupe aux légumes ; dans ce cas la moyenne de la journée est d'un franc. Pour la moisson la journée augmente jusqu'à frs 3.50. En Alghero le domestique de campagne (vigneron, contremaître, bovier) prend de 30 à 36 frs par mois ; et s'il est vigneron, il a, outre la paie, le logement, le bois et un petit jardin potager. Dans les villages le paysan a un salaire annuel de 150 frs en moyenne, plus la nourriture, le logement et dans certains endroits même un habit par année. Les employés à la bergerie, *servi d'ovile*, ou les *garzoni* et les bergers, ont un gage moyen de 20 frs par mois et une ration journalière de pain ; ils logent dans la bergerie.

Dans l'arrondissement de Lanusei, les domestiques ont de 5 à 8 frs par mois, plus l'entretien de quelques têtes de bétail. Les rares enfants bergers ont le ridicule gage mensuel de 3 frs.

Pour la récolte des olives, des châtaignes, des noix etc. on donne aux femmes un salaire de 50 à 80 cts par jour (1).

Il nous semble maintenant avoir assez prouvé par ces documents que la rétribution de l'ouvrier agricole est plus équitable dans le métayage de l'Italie Centrale qu'ailleurs, avec d'autres contrats agricoles, ou du moins qu'elle n'est pas inférieure à celle établie par ces derniers. Quant aux salariés, en admettant même que leur rétribution ait augmenté dernièrement à la suite des agitations de la classe agricole, et que de ce fait elle soit parfois plus élevée par journée dans quelques endroits que celle du métayer, combien cependant doit-elle lui être inférieure à la fin de l'année par suite du chômage causé par la surabondance de bras ou la contrariété de la nature!

2. — *Le métayage au point de vue spécial de la population.*

En abordant ce deuxième point, nous envisagerons le métayage sous les trois points de vue suivants: *a)* en rapport à l'augmentation des métayers en Italie, *b)* à la densité de la population, *c)* à la mortalité.

a) *L'augmentation du nombre des métayers en Italie.*

Sur une population de 31,590,003 d'hab. que comptait l'Italie en 1901 plus de la moitié se rattachaient à l'agriculture. Parmi eux (au dessus de 15 ans) 2,305,795 figurent dans ce recensement comme agriculteurs propriétaires des terres qu'ils cultivent. Les autres ne possèdent pas de terres, et sont divisés en deux grandes catégories: celle des cultivateurs qui sont

(1) *Inchiesta Agr. Parl.*, vol. XIV, pp. 73, 203, 323, 351, 372.

Quant aux cultivateurs du Midi, l'intérêt que leur condition mérite de la part des pouvoirs publiques de l'Etat est telle, que le Parlement a cru urgent de voter une Enquête à ce sujet confiée à des hommes techniques d'une grande valeur. Elle doit comprendre les Abruzzes et Molise, la Campanie, les Pouilles, la Calabre, la Basilicate et la Sicile; et doit être publiée entre la fin de 1908 et le commencement de 1909.

Or on n'a pas trouvé nécessaire de faire autant pour les métayers de l'Italie Centrale.

intéressés à l'exploitation rurale, et celle des cultivateurs qui ne le sont pas. La prèmiere est encore subdivisée en cultivateurs fermiers et enphytéotes, et cultivateurs qui participent à la production, comme dans le métayage et ses variantes. Ces derniers (toujours au dessus de 15 ans) étaient dans le recensement de 1871 1,260,065; ils descendirent dans le recensement de 1881 à 991,251; et remontèrent dans celui de 1901 à 1,731,546, en surpassant considérablement le chiffre de 1871. Cela montrerait qu'on a tenté une restriction de la participation sans avoir obténu de bons résultats, et que ses avantages en ont suscité un élargissement.

b) *Le métayage et la densité de la population.*

Une démonstratione de l'état économique des métayes de l'Italie Centrale peut être fornie en partie par la densité de la population. Elle n'y est en effet ni excessive ni faible.

M. Orlandini Zuccagni (1) nous donne dans le tableau qui suit la population de la Toscane à des époques différentes.

Sous Ferdinand II	en 1640 habit.	696,855
A la mort de Jean Gaston	» 1737 »	890,605
Après la régence de Francois II	₵ 1766 »	845,063
Après le gouvernement de Léopold I	» 1791 »	1,058,980
Après le départ de Ferdinand III	» 1800 »	1,104,764
Après le Royaume des Bourbons	» 1808 »	1,107,834
Après l'invasion française	» 1814 »	1,154,686
Après les trois ans de typhus	» 1818 »	1,143,286
Après la mort de Ferdinand III	» 1825 »	1,256,150

C'est donc bien à raison que Bastiat (2) attribue au métayage l'augmentation de la population. A cette époque on sait combien sa densité était faible dans le reste de l'Italie.

Il faut pourtant ajouter que, grâce au métayage, elle se tient aussi dans des limites raisonnables, comme il résulte du tableau suivant (3).

---

(1) ORLANDINI ZUCCAGNI, *Ricerche statistiche sul Granducato di Toscana*, tomo I, p. 21.

(2) BASTIAT, *Sur le métayage.* Bibl. dell'Econ., serie II, vol. II, p. 259.

(3) Statistique extraite du recensement de 1901.

Nombre des agriculteurs par kilomètre carré de superficie de chaque département.

DÉPARTEMENTS	Nombre des agriculteurs par 1 km carré		DÉPARTEMENTS	Nombre des agriculteurs par 1 km carré	
	mâles	des 2 sexes		mâles	des 2 sexes
Piémont.	22	40	Latium	18	25
Ligurie .	26	43	Abruzzes et Molise	22	36
Lombardie	31	48	Campania .	31	52
Vénétie .	25	40	Pouiles	23	30
Emilie { Anciens Duchés	24	36	Basilicate .	11	20
Emilie { Romagne	28	41	Calabre	19	31
Toscane .	21	30	Sicile .	26	29
Ombrie .	18	25	Sardaigne .	8	8
Marches .	25	42	Royaume	22	34

c) *Le métayage et la mortalité.*

Revenant à la Lombardie et à la Vénétie, les ouvriers des *marcite* se trouvent en des conditions tellement opposées à celles des riches propriétaires et des grands fermiers, que, brisés par la grande misère, et obligés de se nourrir de mil, de sarrazin, de maïs et de vin de qualité inférieure ou d'eau simplement, on est pas étonné qu'ils soient victimes de la pellagre, calamité presque exclusive de ces contrées. En effet les territoires les plus atteints par cette maladie sont ceux de Lodi, Crémone, Verola Nova et Brescia.

M. Jacini (1) disait, que ce sont ceux précisement où l'on cultive le lin. Mais il se demandait: Quelle relation y a-t-il entre le lin et la pellagre? Et il répondait: « Il y a relation parce que la production du lin veut celle du maïs *quarantino* comme produit supplémentaire, qui est précisément une des principales causes de la maladie; parce que quand en automne il fait mauvais temps, il ne peut pas mûrir, et quand il mûrit, il n'a pas le temps de sécher et il pourrit. Or c'est de ce maïs pourri que se nourrissent les paysans les plus pauvres. Voilà comme la pellagre s'unit à la misère ».

Nous trouvons un autre signe révélateur de l'état économique des métayers dans la statistique des causes de mort. Dans celle publiée par la Direction Générale de la Statistique pour l'année 1902 (2), nous relévons que les plus grands quotients de mortalité se trouvent dans les provinces suivantes: Foggia, Potenza, Bari, Reggio Emilia et Reggio Calabria. Les plus petits quotients à Ravenne, Trapani, Pavia, Udine, Vérone et Pise, ce qui porte à conclure que la mortalité est plus forte dans l'Italie méridionale que dans le reste du Royaume. Comme on le voit la Toscane, les Marches, la Romagne et l'Ombrie ne figurent pas parmi les régions qui donnèrent les quotients les plus élevés de mortalité.

3. — *Le métayage et l'émigration.*

Un autre indice de l'état économique des métayers pour-rait être la statistique de l'émigration. M. Colajanni pose ce problème (3): l'émigration est-elle proportionnelle à la misère? Et il répond affirmativement en démontrant son assertion au moyen d'une série de comparaisons et de chiffres, dont les plus

---

(1) JACINI, *Relazione sulla condizione dell'agricoltura e degli agricoltori in Lombardia*, p. 283.
(2) V. le *Spettatore*, 1905, n. 12, p. 235.
(3) V. le *Spettatore* du 21 Avril 1907.

intéressants sont ceux qui regardent les différentes régions italiennes. Il étudie trois régions riches de l'Italie du Nord et
trois régions pauvres de l'Italie Méridionale, en nous donnant
pour les 30 dernières années les chiffres suivants:

Émigration totale, temporaire et permanente
pour 100.000 habitants.

RÉGIONS RICHES.

	1876-1878	1903-1905
Ligurie	419	589
Piémont	901	1631
Lombardie	522	1089

RÉGIONS PAUVRES

Sicile	37	1922
Calabre	116	3144
Basilicate	301	2964

Dans la Ligurie, la plus riche de ces régions, l'augmentation fut, sans tenir compte des fractions, du 40 %; dans le
Piémont du 81 %; dans la Lombardie du 108 %. L'augmentation
dans les régions pauvres fut effrayante: du 884 % en Basilicate,
du 2,614 % en Calabre, du 5,094 % en Sicile. Les régions centrales ne figurent pas parmi les plus riches, mais non plus parmi
les plus pauvres.

Ces résultats diffèrent pourtant un peu, si on examine les
statistiques de l'émigration des annés 1904 et 1905, que nous
donnons ici.

Chiffres se rapportant a 100.000 habitants *a)* (¹)

DÉPARTEMENTS	1905			1904		
	Pour les pays transo-céani-ques	Pour l'Europe et les autres pays du bassin de la Méditer-ranée	Totaux	Pour les pays transo-céani-ques	Pour l'Europe et les autres pays du bas-sin de la Mé-diterranée	Totaux
Piémont . .	915	1.105	2 020	658	910	1.568
Ligurie . .	560	169	720	470	116	586
Lombardie . .	364	1.030	1 394	283	731	1.014
Vénétie . . .	381	2 965	3 356	279	2.212	2.491
Emilie . . .	395	1 140	1 535	273	914	1.187
Toscane . . .	397	800	1 197	351	651	1 002
Marches . .	1.934	988	2 922	1 072	653	1.725
Ombrie . . .	356	1 073	1 429	179	794	973
Latium . . .	1 020	123	1 143	425	94	519
Abruzzes & Molise	3.526	468	3 994	1.791	400	2 191
Campanie . .	2 467	142	2 609	1 427	155	1.582
Pouiles . . .	801	233	1 034	453	225	678
Basilicate . .	3 357	109	3 466	2 336	80	2.416
Calabre . . .	4 335	108	4 443	2 446	98	2.544
Sicile . . .	2 640	225	2 865	1.146	236	1.382
Sardaigne . .	54	287	341	32	530	562
Royaume	1 330	831	2 161	757	656	1 413

a) Les proportions pour l' année 1904 furent calculées sur les chiffres de la popu-lation jusqu' au 1 jouillet, et celles pour l' année 1905 sur les chiffres de la population jusqu' au Juillet 1905. Ces chiffres de population furent déterminés approximativement sur la base de l' augmentation moyenne annuelle aritmétique, verifiée entre le recen-sement du 1 janvier 1882 et celui du 15 fevrier 1901.

(1) *Bollettino Ufficiale del Ministero d' Agricoltura Industria e Commercio* du 24 Mai 1906, Rome, p. 410.

Cette statistique nous donne pour les Marches le chiffre assez élevé de 1934 individus pour 100,000 habitants émigrés dans des pays transocéaniques, émigration due spécialement à la population de montagne, c'est à dire au prolétariat des petits propriétaires. Mais les chiffres de la Toscane, de l'Ombrie et en partie de l'Emilie demeurent quand même faibles.

Nous donnons pourtant à ces derniers indices de l'état économique des métayers en Italie une valeur relative; parce que, pour ce qui concerne la population, les motifs de son augmentation ou de sa diminution peuvent être innombrables; pour ce qui concerne les maladies, il peut y avoir une cause indépendante du bien être de l'individu; pour ce qui concerne enfin l'émigration, le motif n'en est pas toujours la misère. Nous pourrions donner pour les Marches bien des exemples d'émigrants qui ont laissé en partant leurs épargnes dans des Banques. Il est prouvé qu'une grande partie de ces émigrants des Marches firent le voyage à leurs frais, ne profitant pas des avantages offerts par les sociétés d'émigration. Il faut considérer aussi que l'emigration ne comprend pas seulement la classe agricole; pas plus d'ailleurs que la statistique des causes de mort et celle de l'augmentation de la population. Tout celà contribue tout de même à déterminer les effets du métayage sur la population agricole.

Section III.

Effets sur la paix sociale.

Pour nous rendre compte de la mesure dans laquelle le régime du métayage contribue à maintenir la paix sociale, nous aborderons successivement les trois points suivants: 1. la stabilité de ce contrat; 2. les rapports entre métayer et propriétaire; 3. le chômage.

1. — *Stabilité du contrat de métayage en Italie.*

La stabilité est un des avantages les plus évidents du métayage. L'extraordinaire concurrence qui oblige plusieurs petits
fermiers a se contenter d'un gain très maigre qui est la cause
des bails très élevés, n'est pas redoutée par le métayer de
l'Italie Centrale. En effet si les pactes limitent en général la
durée de ce contrat à une année, l'habitude impose un tel caractère de continuité et de stabilité, que les domaines passent
du père au fils ou aux neveux bien plus souvent que dans le
fermage.Une pareille règle est imposée par l'habitude aux autres pactes du métayage. Le sort du métayer est presque indépendant de l'arbitraire et de l'avidité du propriétaire. Les
conditions sont fixes ; l'allure de l'économie agricole constante
et immuable ; celle-ci suit le mouvement qui lui a été imprimé.
« Les nécessités de notre sol, dit Gino Capponi (1) en parlant
de la Toscane, l'intelligence de nos travailleurs dictèrent au
contrat ses lois. Et il est impossible au propriétaire de changer à sa volonté les habitudes communes consacrées par le
temps » (2). Ces conditions du métayage toscan, des Marches
et de l'Ombrie sont aussi celles du métayage de la Romagne.
M. le Marquis Tanari, sénateur du Royaume (3), un des commissaires de l'Enquête Agraire parlementaire, quoique peu
enthousiaste du métayage (dans un pays où il se transforme
dans ses frontières septentrionales en *boaria*) s'exprime ainsi:
« Qui peut méconnaître que le colon se trouve dans une po-

---

(1) CAPPONI, *Mezzeria*, Memoria II, Bibl. dell' Econ., serie II, vol. II, p. 393.

(2) JACINI sénateur S., *La proprietà fondiaria*, ecc., parte IV, capo III dit: « Le
petit fermage est considéré par les économistes non seulement en théorie mais encore
par les exemples de tous les pays civilisés, le plus contraire au bien-être des travailleurs par son instabilité ». La même chose, dit M. BERI, *Elementi di economia e stima
dei fondi rustici*, Torino, 1873, 3 ed., parte III, p. 294. Sur le sort des petits fermiers de
Treviso voir BORDIGA, *Corso d'economia rurale*, Naples, Marghieri, 1886, sect. V, capo II,
p. 223.

(8) TANARI, *Inch. Agr.*, vol. II, p. 223.

sition suffisamment digne et sûre (1), et que déjà pour cette
raison seule il répresente un élément d'ordre et de tranquillité ?
Qui peut ne pas voir dans le métayage une forme plausible
d'association entre capital et travail, et un moyen de résoudre,
du moins en partie, la grave question dé la pacification entre
ces deux principaux facteurs de la production économique ?
D'aucuns même y voient la solution de la question sociale dans
le domaine agricole ; et dans les propositions d'amélioration.
qui nous ont été faites, *nous trouvons plusieurs fois exprimée la
nécessité de remettre en honneur et de généraliser le métayage*, en
rendant au moyen de ce contrat toujours plus intimes l'association entre propriétaires et cultivateurs ».

2. — *Rapports entre métayers et propriétaires.*

Nous ne nierons pas que la métayer soit moins indépendant que le fermier, spécialement lorsque l'ingérence du propriétaire est très assidue. Dans l'Italie Centrale pourtant le
colon est admis à discuter sur les cultures et les travaux et à
faire valoir ses intérêts. Or cette aimable dépendance ne lèse
aucunement sa dignité d'homme libre. Nous voyons en effet,
par tous les rapport de l'Enquête Agraire, que le métayer
aime toujours mieux traiter avec le propriétaire qu'avec des
agents salariés, auxquels il est soumis non par affection mais
seulement par la crainte. On ajoute même qu'il se trouve
mieux avec des propriétaires de plusieurs domaines et riches.
Par contre nous trouvons dans l'Enquête que les rapports
sociaux entre les travailleurs de la terre et les propriétaires

---

(1) Cette stabilité virtuelle du titre n'est pas commune a la colonie partiaire. en
Italie, quand elle n'a pas la forme du métayage de l'Italie Centrale. A cette instabilité
Sismondi attribue les conditions inférieures des métayers de Naples et de Gênes, où
les propriétaires prennent plus de la moitié du produit. Dans ces pays la culture est
magnifique, mais la population est misérable. M. Sismondi ajoute : « Le même sort aurait peut être atteint le peuple de la Toscane, si l'opinion publique ne protégeait pas
le coltivateur ; un propriétaire n'oserait jamais changer les conditions en usage dans
le pays. (*Nouveaux Principes d'Ec. Pol.*, livre III, chap. 5).

sont très tendus en Lombardie, et spécialement dans la plaine, où domine le système des salariés. Cela est prouvé par la récente grève des salariés agricoles de Parme. Dans cette grève la ténacité des ouvriers et celle des propriétaires ont prolongé une situation désastreuse pour la production et la population. Nous ferons remarquer pourtant qu'il s'agit d'une des régions les plus florissantes de l'Italie, et dans laquelle les progrès agricoles sont supérieurs à ceux de tout le reste du pays. Même en Lombardie les rapports sociaux entre les travailleurs de la terre et les propriétaire sont moins tendus en colline où précisement se pratique le métayage. Nous avons donc ici un contraste assez éloquent. Or quel qu'un pourra-t-il nier que ces rapports influent d'une façon spéciale sur l'état de l'agriculture et sur les conditions des agriculteurs?

Néammoins nous ne voulons pas nier qu'il se produise aussi des agitations ouvrières dans les contrées de métayage.

Les agitations agraires prirent naissance en Italie des l'année 1884 et elles s'aggravèrent en 1885. Elles diminuèrent les années suivantes jusqu'en 1891, année où elles se ravivèrent pour cesser presque entièrement en 1896. A partir de cette époque elles prirent un mouvement ascendant presque ininterrompu jusqu'à se généraliser dans plusieures provinces du Royaume en 1901. Pendant tout ce laps de temps ce ne furent que les travailleurs journaliers et adventices qui s'agitèrent pour obtenir une augmentation des salaires. C'est la Lombardie qui eut le plus grand nombre de grèves (359 grèves et environ 65,000 grevistes). Vinrent ensuite l'Emilie, dans la province de Ferrare surtout, avec 114 grèves, la Vénétie avec 74, le Piémont avec 43, la Sicile avec 21. Ailleurs les grèves n'atteignirent même pas la dizaine (1).

Des tableaux statistiques de l'*Ufficio del Lavoro,* qui resument les données recueillies jusqu'à janvier 1906, on déduit que les cultivateurs de la Ligurie, de la Toscane, des Marches, des Abruzzes, de la Basilicate, de la Calabre et de la Sardaigne

---

(1) Relazione dell'Ufficio di statistica in Italia per il 1901.

restèrent jusqu'à cette époque complètement en déhors des ligues de résistance. Ce fut aussi la Lombardie qui vint en premier avec 149 ligues et 23,525 membres, l'Emilie avec 456 ligues et 90,000 membres et la Sicile avec 142 ligues et 43,736 membres. Vient ensuite de la Vénétie dont nous n'avons pas dans cette statistique la quantité exacte des ligues mais seulement celle des membres qui est de 8,000. Quant aux autres régions, l'Ombrie avait 26 ligues avec 7,998 membres, le Latium 38 ligues avec 8,687 et les Pouilles 42 ligues avec 23,316 membres.

Il faut encore noter une fois que sur 291,913 membres dans tout le Royaume, 145,450, c'est à dire les $^2/_3$, sont des salariés et adventices; et que dans l'Ombrie une partie des membres était de petits propriétaires. L'organisation des colons regardait i'Emilie, l'Ombrie, le Latium et la Sicile. Les cultivateurs propriétaires organisés étaient 22,154, les ouvriers obligés fixes, ou presque obligés 17,000 et les petits fermiers 13,463. Mais après cette époque les agitations s'étendirent aussi à la Romagne, aux Marches et à la Toscane. On peut se demander jusqu'à quel point elles se trouvent justifièes pour ces dernières contrées.

Néammoins nombreux sont ceux qui conseillent des modifications au vieux contrat de métayage afin qu'il réponde mieux aux exigences des temps nouveaux, pour éliminer toute cause de conflit et conserver les bonnes relations qui existèrent toujours jusqu'à présent entre propriétaires et travailleurs de la terre dans les endroits de métayage. Il nous suffit pur le moment d'avoir exposé l'état des agitations agricoles, pour faire mieux connaître aussi sous ce côté, les conditions du métayage en Italie en comparaison des autres pactes et systèmes agraires.

Un autre indice des rapports entre métayer et propriétaire, nous l'avons dans la statistique judiciaire (1).

_____

(1) *Statistica Giudiziaria* publiée par la Direction Générale de la Statistique en 1905.

En laissant de côté les délits qui n'ont rien à faire avec
l'économie agricole, comme ceux qui se rapportent aux fraudes,
appropriations illégitimes, ainsi que les délits prévus par le
Code de Commerce, lesquels concernent la classe commerciale
et industrielle, nous nous limiterons aux vols qualifiés, aggravés
et simples, qui sont prévus aux articles 402-405 du Code Pénal
Italien et qui concernent principalement la classe agricole.

Dans la moyenne quinquennale de 1897-1901 on relève,
dans une proportion qui varie suivant les provinces, entre un
minimum de 162 délits pour 10,000 habitants jusqu'à un maximum de 1101.

Maintenant en considérant les différentes provinces de la
Toscane, des Marches, de la Romagne et de l'Ombrie, nous
trouvons que Lucques y figure pour 180, Forli 287, Arezzo 289,
Pise 240, Sienne 230, Ancône 294, Macerata 270, Florence 359.
Ascoli 382, Pesaro-Urbino 342, Pérouse 388. Or toutes ces provinces sont au dessous de la moyenne du Royaume laquelle
est de 422 vos par 100,000 habitants. Six autres provinces se
rapprochent davantage, par des chiffres plus élevés de cette
moyenne, et elle est dépassée encore par 26.

L'Enquête a constaté en outre que dans toutes les régions
de l'Italie septentrionale le métayer et le fermier sont des
travailleurs plus honnêtes que le salarié ou le journalier; ce
qui est une preuve que les premiers vivent plus aisément que
les autres. Car le déterminisme est en partie vrai, spécialement lorsqu'il regarde la misère comme un excitant aux vices
et aux délits. La sobriété et le labeur rendent en général,
dans l'Italie Centrale, le colon tranquille, patient et sage et il
l'éloigné par conséquent des crimes, du jeu et du libertinage.

3. — Le chômage.

Nous ferons remarquer, pour finir, que l'ouvrier salarié
se trouve dans un état bien plus précaire et misérable que le
métayer. Souvent il est sans travail; et lorsqu'il devient
inhabile par suite d'infirmités ou de vieillesse il ne lui reste

qu'à se recommander à la bienfaissance publique. Nous relevons dans une publication faite par l'*Ufficio del Lavoro* de la
Società Umanitaria de Milan sur le chômage (1), relative à
quatre communes de la province de Ferrare (Argenta, Bondeno, Copparo, Portomaggiore), deux de la province de Bologne
(San Giovanni in Persiceto, Molinella), trois de la province de
Ravenne (Alfonsine, Conselice, Ravenne) que le nombre des
sans-travail y est tellement grand, qu'il parait même invraisem-
blable. Quoique le travail, dans certaines limites, soit distribué à
tout le monde, les 1500 journaliers d'Argenta restent sans travail 227 jours par an, ceux de Bondeno 170, ceux de Copparo
182, ceux de Portomaggiore 205. Dans la province de Bologne,
les sans-travail sont le 47 % des journaliers de San Giovanni in
Persiceto et le 52 % de ceux de Molinella. Mais il serait trop
long de rapporter ici tous les pour-cent des sans-travail donnés
par l'*Ufficio del Lavoro* de la *Società Umanitaria*. Nous en
tiendrons donc à un des tableaux statiques relatifs au chômage
qui ont été publiés par le Ministère de l'Agriculture. Le voici (2):

---

(1) La disoccupazione nell'Emiliano durante l'anno 1904.
(2) Ministero dell'Agr. Ind. e Commercio. Supplemento n. 2 al *Boll. dell' Uff. del
Lavoro.* Provvedimenti per la colonizzazione interna, Roma, 1906, p. 43.

PROVINCIE O REGIONI	Numero dei mesi per i quali fu segnalata		Osservazioni
	Esuberanza di mano d'opera	Deficienza di mano d'opera	
Piemonte { Cuneo	—	6	La disoccupazione stagionale è impedita dal lavoro industriale e dalla emigrazione temporanea.
Piemonte { Altre provincie .	—	2	
Liguria	—	—	
Lombardia	1	2-3	La disoccupazione è di carattere stagionale : per Sondrio, Bergamo, Como forte emigrazione temporanea all' estero.
Veneto	5	5	La disoccupazione si accentuò nel 1905 per effetto delle inondazioni : le oscillazioni ordinarie sono dovute al movimento degli emigranti temporanei per l' estero.
Emilia { Piacenza, Parma, Reggio . . .	1	3	Emigrazione.
e { Bologna, Ferrara, Ravenna . .	7	—	
Romagna { Forlì	—	—	Emigrazione temporanea all' estero.
Toscana { Lucca	—	5	Emigrazione all' estero.
Toscana { Altre provincie .	—	—	
Marche	—	9-12	Emigrazione all' estero.
Umbria	5	7	Movimento stagionale.
Lazio	—	9-12	
Meridionale Adriatica { Chieti . . .	—	6	
Meridionale Adriatica { Altre provincie	—	—	Disoccupazione invernale in qualche parte del circondario di Brindisi.
Meridionale Mediterr. { Aquila	—	4	Emigrazione all' estero.
Meridionale Mediterr. { Campania . .	—	9-10	La scarsità è meno accentuata per Salerno ; qualche breve disoccupazione stagionale in Piedimonte d'Alife.
Meridionale Mediterr. { Basilicata . .	—	5	
Meridionale Mediterr. { Calabria . . .	2	3-4	La disoccupazione è accennata soltanto per Reggio Calabria.
Sicilia . { Messina	—	5	
Sicilia . { Altre provincie .	2	—	La disoccupazione è dovuta alla distruzione dei vigneti filosserati.
Sardegna	1	1	

Ce tableau indique seulement dans l'Ombrie, parmi les régions centrales de metayage, une surabondance de main d'oeuvre (et ce sont les petits propriétaires de montagne); il nous donne par contre des chiffres de chômage très forts pour les provinces de Ferrare, Bologne, et Ravenne où il y a une énorme quantité de salariés.

CONCLUSION

CONCLUSION

Nous avons constaté que le métayage est le mode de tenure qui domine dans l'Italie Centrale. Il y domine depuis un
temps immémorial, probablement dès le XIIme ou le XIIIme siècle
dans sa forme à peu près actuelle; et il ne semble pas décliner.

Ses resultats, examinés non pas *a priori*, mais à la lumière
des faits, semblent satisfaisants au point de vue économique,
aussi bien qu'au point de vue social.

Au point de vue économique (IIme partie, chapitre I), nous
avons constaté que la culture des métairies n'est pas du tout
arriérée. Nous avons vu (section Ire, § 1), qu'une des questions
les plus graves relatives à l'agriculture est celle de l'emploi
du capital foncier et industriel. Or dans le contrat de métayage
de l'Italie Centrale on associe précisément la grande force du
capital avec le travail assidu du colon, intéressé dans l'exploitation. Le métayage, tel qu'il est compris et pratiqué dans
l'Italie Centrale, ne passe pas par une période de transition,
c'est à dire l'exploitation primitive, pour arriver ensuite à un
état économique normal. Car il est notoire que la famille colonique trouve sur le terrain tout le capital nécessaire à le
rendre prêt pour être cultivé. On lui fournit une maison gar-
nie de tout le nécessaire, ainsi qu'une étable pour tout le bétail que son domaine peut entretenir. On lui fournit les *scorte
vive* et *morte*, dont la valeur lui est portée du débit par moitié.
Nous avons vu que si le métayage dans l'Italie Centrale coïn-
cide avec une production agricole élevée, c'est en partie parce
qu'un donne à la culture les moyens dont elle a besoin, c'est
à dire les capitaux pour l'application de la technique agricole.

Quant à l'Italie du Nord, le grand fermage qui y domine et qui seul, par son caractère, est digne de ce nom, a sa pleine justification au point de vue de la production dans les conditions de sol et de climat qui permettent au fermier industriel d'y mettre non seulement tout son travail intellectuel, mais aussi le capital foncier et industriel dans la plus large mesure; de sorte que le fermage réunit ainsi les deux principaux facteurs de la production. C'est à cause de ces deux conditions qu'on peut dire que le grand fermage de la Haute Italie est vraiment le contrat le plus apte à developper la production foncière. Ce genre de culture, s'il ne donne pas à la propriété les plus fort intérêt possible de ses capitaux, le donne sûrement à l'industrie.

Nous avons vu d'autre part l'état des choses dans l'Italie Méridionale et dans les Iles, pour ce qui concerne le capital foncier et industriel. La mesquinerie de l'emploi de ces capitaux ressort des statistiques que nous avons reproduites du Recensement de 1901, concernant les moyennes de la population éparse dans les campagnes. Cela aussi ressort de la statistique relative au bétail bovin, qui constitue une grande partie du capital industriel.

On voit de même d'après ce que nous venons d'exposer (II.me partie, chap. I, section I.re, lettre b.) sous le titre *Méthodes modernes d'exploitation dans le métayage toscan*, qu'on peut avec ce système réparer les défauts d'une agriculture primitive et arriérée et obtenir des terrains aussi bien cultivés qu'avec les meilleures méthodes modernes. Cela est prouvé par l'exemple de propriétaires qui en employant le métayage ont porté la culture de leurs terres à un perfectionnement considérable, et par l'exemple de métayers prêts à l'emploi des capitaux lorsqu'ils sont obligés d'y concourir, et à l'emploi des machines agricoles et des engrais chimiques. Cela ressortira encore plus clairement par des statistiques qui doivent être publiées à la fin de l'année par le Ministère de l'Agriculture.

Enfin la quantité des produits (II.me partie, chap. I, section I, § 2) est dans l'Italie Centrale égale si non supérieure à celle qu'on obtient dans les domaines les mieux cultivés de l'Italie du Nord, et incontestablement supérieure à celle des pays méridionaux de l'Italie.

De toutes les comparaisons que nous avons faites sous le titre *Effets sur les frais d'exploitation et de main d'oeuvre* (IIme partie, chap. I, section II.), on déduit que ces frais pèsent bien moins sur le rendement du métayage que sur celui de l'exploitation directe. Nous laissons de côté le fermage, système dans lequel le propriétaire abandonne une partie du rendement net. D'autre part le paysan italien n'a pas assez de moyens ni d'instruction pour devenir fermier et supporter le risques du fermage.

Nous avons admis que chaque région de l'Italie est en mesure de présenter, avec ou sans le métayage, de remarquables exemples de culture perfectionnée; mais il s'agit là de petites exploitations et de situations exceptionnelles.

Il nous semble avoir suffisamment prouvé l'utilité sociale (IIme partie, chap. II, section Ire) du fractionnement de la terre en des entreprises agricoles moyennes. Les pays de pluriculture étant pays de colline, cette division serait surtout à cause de cela utile à maintenir. En outre à l'aide de l'Enquête Agraire Parlementaire et des indications de MM. Marenghi et Fabbrini, nous avons constaté que ce fractionnement en des entreprises moyennes, se vérifie principalement en Italie dans les pays de métayage.

En parlant de la population (IIme partie, chap. II, section II) nous avons vu que le métayage pratiqué dans l'Italie Centrale est cause d'un vrai bien-être social de la classe agricole. Ce bien-être s'il ne ressort pas de certaines études très défectueuses de l'Enquête Agraire Parlementaire (a),) sur la rétribution du métayer de l'Italie Centrale, est bien prouvé par les calculs consciencieux et précis de M. le sénateur Faina, de M. Bruttini et de M. Sonnino (b),).

Une solide démonstration de ce bien-être social est aussi fournie par l'augmentation du nombre des métayers en Italie (2),a.), par la densité normale de la population agricole dans les régions de métayage, en comparaison des autres régions (b),) et par la statistique comparative de la mortalité et de l'émigration (3).).

Enfin il est généralement reconnu en Italie que le métayage toscan présente une solution du problème social dans les campagnes (IIme partie, chap. II, section III). D'abord la durée du contrat est garentie au métayer par l'usage et la concurrence n'est pas désastreuse pour lui (1.).

Ensuite cette forme de participation substitue à la lutte entre les deux facteurs de la production l'harmonie qui dérive principalement de la communauté des intérêts (2.).

Finalement ni l'infirmité, ni la vieillesse, ni l'inhabileté n'apportent le chômage au métayer, ce chômage qui est le fléau permanent et effroyable des pays à salariat (pourtant très en progrès et fertiles au point de vue de la production) tels que Ravenne, Ferrare, Parme etc. (3.).

Notre travail étant ainsi résumé dans ses grandes lignes, quelles conclusions pouvons-nous en tirer ?

D'abord, que, là où le contrat de métayage existe, il n'y a, nous semble-t-il, aucune raison de passer à un autre contrat.

Au point de vue économique il est un mode de tenure plus avantageux que le fermage improductif et le faire-valoir direct primitif du Midi de l'Italie.

Au point de vue social il représenterait un état supérieur en comparaison de l'état du travailleur salarié. Quand on voit les dommages et les douleurs que les citoyens et les agriculteurs de Parme ont du supporter, il y a quelques mois. à cause de la longue et persistante grève agricole, qui a produit non seulement des désordres, mais même des délits sanglants, il est naturel de se demander pourquoi des pareils troubles ne se produisent pas dans les pays de métayage, et si celui-ci ne serait pas un remède a tant de maux. Nous sommes aussi amené à cette considération par l'obstacle que le métayage oppose — dans les rares endroits de cette province où il est pratiqué — au développement du socialisme révolutionaire ; et par la lutte que ce parti mène contre le contrat de métayage en Romagne, où les métayers reunis presque tous par une fédération, sont en plein accord avec les propriétaires pour rendre vaines les tentatives des socialistes révolutionaires.

C'est d'après ces considérations d'ordre économique et d'ordre social que plusieurs économistes demandent de nouveau le maintien du contrat de métayage dans les endroits où il existe et le proposent pour une grande partie de l'Italie où il n'est pas encore en vigueur.

Nous laisserons de côté l'Italie du Nord, ou mieux la vallée du Pô, qui présente sans doute la plus grande productivité agricole de notre pays. Mais pourquoi ne pas étendre le contrat de métayage, dans sa forme toscane, aux *latifundia* du Midi et du Latium ? Il serait peut-être un moyen de colonisation interne bien efficace. A ce jugement nous sommes aussi amené par le fait que ce contrat a été adopté par la *Società di affittanze collettive* (1) des provinces de Mantoue, Modène et Ravenne, par la Société Agricole Industrielle de Milan (2) pour l'amélioration des terrains en friche ou á culture extensive, et enfin par la Loi coordonnée pour le Midi (3), c'est á dire pour la colonisation interne.

Nous croyons donc que le métayage en Italie n'est pas seulement un contrat du passé; que dans l'Italie Centrale il fait encore très bonne figure même à l'heure présente; qu'il est souhaitable qu'il s'y maintienne; et que si les pays de *latifundia* arrivent à s'améliorer, il y jouira peut-être un certain rôle dans l'avenir (4).

---

(1) Federazione dei Consorzi Agrari in Piacenza. *Le affittanze collettive in Italia.* Plaisance, tip. Porta, 1906, intr. VII et p. 59.

(2) Poggi, *Bollettino della Soc. degli Agr. Ital.*, 31 mars 1906.

(3) Ministero dell'Agricoltura Industria e Commercio. Supplemento n. 2 al *Bollettino dell' Ufficio del Lavoro.* Roma, Offic. Pol. Ital. 1906.

(4) On pourra peut-être nous objecter que la *malaria* est un obstacle au système de métayage toscan, qui exige que le métayer habite à la campagne. Mais la législation malarique italienne, adoptée maintenant aussi par la Grèce, et proposée comme exemple à d'autres gouvernements par le XIVme Congrès International d'Hygiène de Berlin, a réduit la mortalité malarique de 15.000 à 3600 cas annuels; et la morbosité dans l'armée du 49 au 12 pour 1000.

BIBLIOGRAPHIE

ACCARDI Prof. Dott. SALVATORE. *Breve studio sulle condizioni econo-miche ed agricole della Sicilia,* Marsala, 1906.

ARIAS, *Il sistema della costituzione economica e sociale italiana all'epoca dei Comuni,* Torino-Roma, Casa Ed. Naz., 1905.

ARMINJON F. V. Contre-amiral, *Le métayage dans ses rapports avec la coûtume et avec la science moderne,* Gênes, 1894.

AVENEL D'., *Histoire économique de la propriété,* Paris, Imp. Nat., 1894.

BACIOCCHI, *Della colonia secondo le leggi e le consuetudini toscane,* Firenze, Frigo, 1887.

BASILE MICHELE, *Latifondi e poderi,* Messina, D'Amico, 1898.

BASTOGI Cte G. A., *Una scritta colonica,* Firenze, 1903.

BATTISTINI A., *Studio sul contratto di mezzadria,* Ancona, 1906.

BERTAGNOLLI C., *La colonia parziaria,* Roma, Barbera, 1877.

BERTI-PICHAT, *Istituzioni d'agricoltura,* Torino, Pomba, 1870.

BOUCHETAL DE LA ROCHE ROBERT, *La colonisation interne en Italie,* Lyon, Waltener, 1904.

BOWRING Sir JOHN, *Relazione sulle condizioni economiche della Toscana compilata per incarico di Lord Palmerston,* Londra, Cowes, 1837.

CAMBRAY-DIGNY. *La mezzadria toscana,* Milano, Tipografia degli Operai, 1887.

CAPEI P., *Origine della mezzeria in Toscana,* Biblioteca dell'Economista, Torino, 1860. Serie II, volume II.

CAPPONI GINO, *Lettera a Sir John Browring, 1837. — Sui vantaggi e svantaggi della mezzadria,* Bibl. dell'Econ. Torino, 1860; Ser. II, vol. II.

CAREGA & PINNA-FERRA, *Lettere dell'uno all'altro* estratto *dell' Economista* di Firenze, 1878.

CASORRI, *L' Agro Romano e le sue trasformazioni,* Roma, Centenari, 1905.

CATO, *De re rustica, Gesnerus: Script. rei rust. veteres latini.*

CAVALIERI ENEA, *La questione dei contadini in Italia,* Messina, 1894.

CELLI ANGELO, *Come vive il campagnolo nell'Agro Romano,* Roma, 1900.

CHATEAUVIEUX (DE) LULLIN, *Lettres d' Italie,* Paris, Paschond, 1816.

COLAJANNI Dott. NAPOLEONE deputato, *Gli avvenimenti di Sicilia e le loro cause*, Palermo, Sandron, 1894.

COLUMELLA, *De re rustica, Gesnerus.*

DALLOZ *périodique 1890, partie 4.*

DE MARCHI L., *Climatologia*, Hoepli, 1890.

DESIDERI C., *Bonificamento agrario della campagna romana*, Roma, Forzani, 1883.

FRANCHETTI L. & SIDNEY SONNINO, deputati. *Condizioni economiche degli Abruzzi, Molise, Calabria, Basilicata — Condizioni politiche e amministrative della Sicilia*, Firenze, 1875.

FERRARI P., *La mezzadria e l'agricoltura moderna, Relaz. e Comuni. dell'VIII Congr. Int. d'Agric.* — Torino, 1903, vol. I, p. II.

GASPARIN (DE), *Métayage*, Paris, Libr. agric. de la Maison Rustique *Guide des propriétaires des biens soumis au métayage*, Paris, Maison Rustique.

GATTI Prof. G. deputato, *Agricoltura e socialismo*, Palermo, Sandron, 1900.

GENOVESE, *La questione agraria in Sicilia*, Milano, 1894.

GIBBON E., *Storia della decadenza e rovina dell'Impero Romano.*

GOLTZ Th., *Agricoltura*, Bibl. dell'Econ. Ser. III, vol. XII, P. I et V.

GOTTI A., *Intorno al valore tecnico e morale della mezzadria in Toscana*, Firenze, Cellini, 1870.

GUFFANTI ANGELO, *La mezzadria come mezzo di migliorare l'agricoltura e di risolvere la questione sociale*, Stradella, 1881.

INCHIESTA *della Federazione Italiana dei Consorzi Agrari di Piacenza sulle affittanze collettive in Italia*, Piacenza, 1906.

JACINI STEFANO, senatore, *Frammenti dell'Inchiesta Agraria:* Roma, Forzani, 1883. — *La proprietà fondiaria e le popolazioni agricole in Lombardia*, Milano, Civelli, 1857. — *Relazione sulla condizione dell'agricoltura e degli agricoltori in Lombardia*, Roma, Forzani, 1883.

JONES, *Saggio sulla distribuzione della ricchezza*, Bibl. dell'Economista, serie II, vol. I.

LAMBRUSCHINI R., *Sulle attinenze della mezzeria coll'incremento dell'agricoltura in Toscana*, Bibl. dell'Econ., serie II, vol. II.

LAMPERTICO D. senatore, *Studi e notizie sull'economia agraria dei distretti di Vicenza, Lonige e Barbarano*, Roma, Forzani, 1882.

LECOUTEUX, *Cours d'Economie Rurale*, Paris, Maison Rustique, 1879.

LEROY-BEAULIEU PAUL, *La question ouvrière au XIXme siècle.*

LONCAO Dott. E., *Il lavoro e le classi rurali in Sicilia durante e dopo il feudalismo*, Palermo, Reber, 1900.

LORIA Prof. Dott. A., *Analisi della proprietà capitalista*, Torino, 1890. — *La contribuzione economica odierna*, Torino, 1889. — *Le basi economiche della costituzione sociale*, Torino, 1902. — *Verso la giustizia sociale:* Milano, 1904.

MARENGHI Dott. E.. *La funzione sociale della proprietà e il soverchio frazionamento della terra*, Piacenza, 1906.

MAZZONI N., *Una pagina storica dell'organizzazione dei contadini*, Milano, 1905.

MARCADÉ, *Explication du Code Napoleon*, vol. III, p. II.

MONTESQUIEU, *Esprit des lois*, Genéve, Bacillot, 1751.

MORTARA A., *I doveri della proprietà fondiaria e la questione sociale*, Roma, 1896.

NICCOLI Prof. V., Enciclopedia agraria italiana, parte VIII.

NITTI Prof. F. S. deputato, *Nord e Sud*, Torino, 1900. — *La ricchezza d'Italia*, Torino-Roma, Roux e Viarengo, 1905.

PARETO R., *Relazione sulle condizioni agrarie ed igieniche della campagna romana*, Firenze-Genova, 1872. — *Roma e l'Agro Romano*, Firenze 1875.

PASSALACQUA, *La colonia parziaria in Italia*, Napoli, Perrotti, 1890.

PAVESE, *Le terre incolte d'Italia*, Torino, Bocca, 1899.

POGGI E., *Cenni storici delle leggi dell'agricolturu*, Tomo II, Firenze, Le Monnier, 1848. — *Discorsi economici, storici e politici*, idem, 1861.

RICCI Dott. E., *Popolazione e produzione agraria*, Macerata, 1904.

RICCI F., *Corso di diritto civile*, Torino, Un. tip. Ed., 1884.

RICHERI, *Universi Civilis et Criminalis Juris*, Lib. III.

RIDOLFI, *Della mezzeria in Toscana*, Bibl. dell'Econ., ser. II, vol. II.

ROSCHER G., *Economia dell'agricoltura e delle materie prime*, Bibl. dell'Econom. serie III, vol. I.

ROSSI A., *Usi ed abusi del capitale*, Schio, Bernardoni, 1889.

ROSSI PELLEGRINO, *Cours d'Encomie Politique*, Bruxelles, Kauman, 1840.

SACHS I., *L'Italie, ses finances et son développement économique*, Paris, Guillaumin, 1885.

SAN GIULIANO (M.se di), senatore, *Le condizioni presenti della Sicilia*, Milano, Treves, 1894.

SALVAGNOLI V., *Lettera a Gino Capponi 20 Novembre 1833*.

SISMONDI (S. de.) *Etudes sur l'Economie Politique, Essai VI. De la condition des agricolteurs en Toscane.* — *Histoire des républiques italiennes du Moyen-Age*, Bruxelles, Wahlen, 1826.

SMITH Adam, *Recherches sur la nature et les causes de la richesse des nations*, Paris, Guillaumin, 1876.

SOCIETÀ DEGLI AGRICOLTORI ITALIANI, *L'Italia agricola alla fine del secolo XIX.* (Trentacinque monografie), Roma, 1904.

SOMBART, *La campagna romana*, (Traduzione dal tedesco). Torino, Loescher, 1891.

SONNINO SIDNEY, deputato e ex-presidente dei Ministri, *I contadini di Sicilia. — La mezzeria in Toscana*, Firenze.

SPADONI D., *Della mezzadria in relazione agli interessi dell'agricoltura*, Macerata, 1893.

STORCH E., *Corso d'Economia Politica*, Bibl. dell'Econom., serie I, vol. IV.

STUART MILL, *Principes d'Economie Politique*, Paris, Guillaumin, 1873.

TOMMASINA Ing. C., *L'ordinamento dell'azienda rurale*, Torino, 1905.

TROPLONG T. R., *Le droit civil expliqué suivant l'ordre du code*, Bruxelles, 1846, Locat. et cond.

TOURDONNET (Comte de), *Traité pratique de métayage*, Paris, 1882.

ULPIANO, *Digesta*, L. XVII, tit. II : *Pro socio*.

VACIRCA A., *La mezzadria e il socialismo*, Colle d'Elsa, Meoni, 1897.

VARO, *De re rustica. — Gesnerus*.

VALENTI Prof. GHINO. *La campagna romana*, Bologna, 1893. — *L'economia rurale nelle Marche*, Macerata, 1888.

VASSALLO C., *Esempio di trasformazione agraria del grande possesso*, San Cataldo, tip. Vittoria, 1904.

VENCO MARIA, *Il movimento attuale fra i lavoratori dei campi*, 1902.

VILLARI PASQUALE, senatore, *La Sicilia e il socialismo*, Milano, 1896.

YOUNG ARTHUR, *Voyages*, vol. II : Italie.

ZUCCAGNI ORLANDINI A., *Ricerche storiche e statistiche nel Granducato di Toscana*, Firenze, Stamp. Granducale, 1855.

PERIODIQUES

Agricoltura italiana, n. 12, 1902, p. 353. Dott. LINARI: « La condizione economica del mezzadro toscano ».

Atti dell'Accademia di Palermo, 1901, XXIII. SALVIOLI: « Sullo stato della popolazione d'Italia prima e dopo i barbari ».

Bollettino della Società degli Agricoltori Italiani. 31 agosto 1905, A. BRUTTINI: « Contributo alla conoscenza delle condizioni economiche dei contadini mezzadri in Toscana »; 31 marzo 1906 « Società agricola industriale italiana »; 30 aprile 1906, BRUTTINI « Agro Romano » ; 31 luglio 1906, CETTOLINI S.: « Cenni sull'agricoltura in Sardegna »; id. id. CAPPELLI R., deputato: « Sulla legge e i provvedimenti per le provincie meridionali, per la Sicilia e per la Sardegna » ; 31 marzo 1906, POGGI: « Per l'acquisto e il bonificamento dei terreni incolti e male coltivati ».

Critica sociale. Gennaio 1894, BRUTTINI : « In difesa della mezzadria ».

Economista. 1888 « L'economia rurale nelle Marche » ; 21 febbraio 1904, « Disoccupazione nel Basso Emiliano »; 17 aprile 1904 « Le tasse di successione nell'esercizio 1902-1903 »; 11 dicembre 1904 « Gli scioperi della agricoltura in Italia durante il 1901 » ; 28 maggio 1905 « I lavori del Catasto nel 1903 » ; 8 ottobre 1905 « Lo stato della piccola proprietà fondiaria » ; 3 giugno 1906 « L'agitazione agricola in Toscana ».

Giornale di scienze naturali ed economia. Palermo, 1901 « SALVIOLI « Sulla distribuzione della proprietà fondiaria in Italia dopo le invasioni germaniche ».

Giornale degli economisti. Giugno 1888 « L'economia rurale nelle Marche » ; 1889 gennaio, febbraio, VITTORIO STRINGHER: « Rassegna agraria »; gennaio 1902 « BOTTONI C.: « Gli scioperi agrari nel Ferrarese » ; febbraio 1904, BROGGI U.: « Di alcuni problemi intorno alla disoccupazione » ; 1906, A. SERPIERI & E. SELLA: « Le affittanze collettive e la disoccupazione in agricoltura »; gennaio 1894, « LORIA A.: « Recensione al libro di Ghino Valenti: L'agricoltura e la classe agricola nella legislazione italiana ».

Nuova Antologia. Marzo 1875, COLAJANNI N., deputato: « Lettere Meridionali »; 5 luglio 1895, VILLARI P., senatore: « La Sicilia e il Socialismo »;

1 luglio 1905, Cavalieri E.: « Per la Sardegna »; 16 maggio 1905, Faina, senatore: « Dei guadagni e consumi dei contadini nei paesi di mezzadria ».

Riforma sociale. 1894 « Gabellotti e contadini in Sicilia »; 1906 settembre, Sella, Priore & Preziotti: « Le condizioni dei contadini nell'Umbria ».

Rivista internazionale di scienze sociali e discipline ausiliarie. Dicembre 1906 « La crisi della piccola proprietà fondiaria in Italia » Dott. G. Fabbrini.

Spettatore. 16 luglio 1905 « Come si muore in Italia »; 12 agosto 1906 « Le organizzazioni contadinesche in Italia »; 7 ottobre 1906 « I risultati delle affittanze collettive nel Reggiano »; 14 aprile 1907 « Una rifioritura di scioperi »; 21 aprile 1907 « Ciò che dimostra l'emigrazione Italiana. Inchiesta sui contadini del Mezzogiorno.

DOCUMENTS OFFICIELS

Annali del Ministero dell'Agricoltura Industria e Commercio. Relazione sulle condizioni agrarie ed igieniche della campagna romana, per RAF-FAELE PARETO.

Annuario statistico del 1904.

Atti dell' inchiesta agraria parlamentare. Roma, 1881-1883.

Atti Parlamentari d' Italia.

Bollettino ufficiale del Ministero d'Agricoltura Industria e Commercio. 24 maggio 1906: Emigrazione italiana per l' estero avvenuta nell' anno 1905. C' est la statistique plus recente sur l' emigration italieune.

Codice Civile del Regno d'Italia illustrato con le principali decisioni delle Corti del Regno per cura dell' avvocato T. BRUNO. Firenze, Barbera, 1901.

Code civil français annoté et expliqué après la jurisprudence et la doctrine, par M. M. Edouard Dalloz fils et Charles Vergé membre de l'Institut, avec la collaboration de M. Jules Janet. Paris, au Bureau de la Jurisprudence Generale, 19, rue de Lille, 1874.

L' Iniziativa del Re d' Italia e l' Istituto Internazionale d'Agricoltura. Studi e documenti. Roma, 1905.

Ministero d'Agricoltura Industria e Commercio. Direzione Generale della Statistica. Censimento della popolazione del Regno d'Italia al 10 febbraio 1901. Roma, 1904.

Ministero d'Agricoltura Industria e Commercio. Censimento del bestiame asinino, bovino, ovino, caprino e suino eseguito alla mezzanotte del 13 al 14 febbraio 1881. Roma, 1882.

Ministero d'Agricoltura Industria e Commercio. Per l' ordinamento della statistica agraria. Relazione a S. E. il Ministro comm. Cocco Ortu, Roma, 1907.

TABLE DES MATIERES

184

186

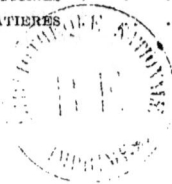

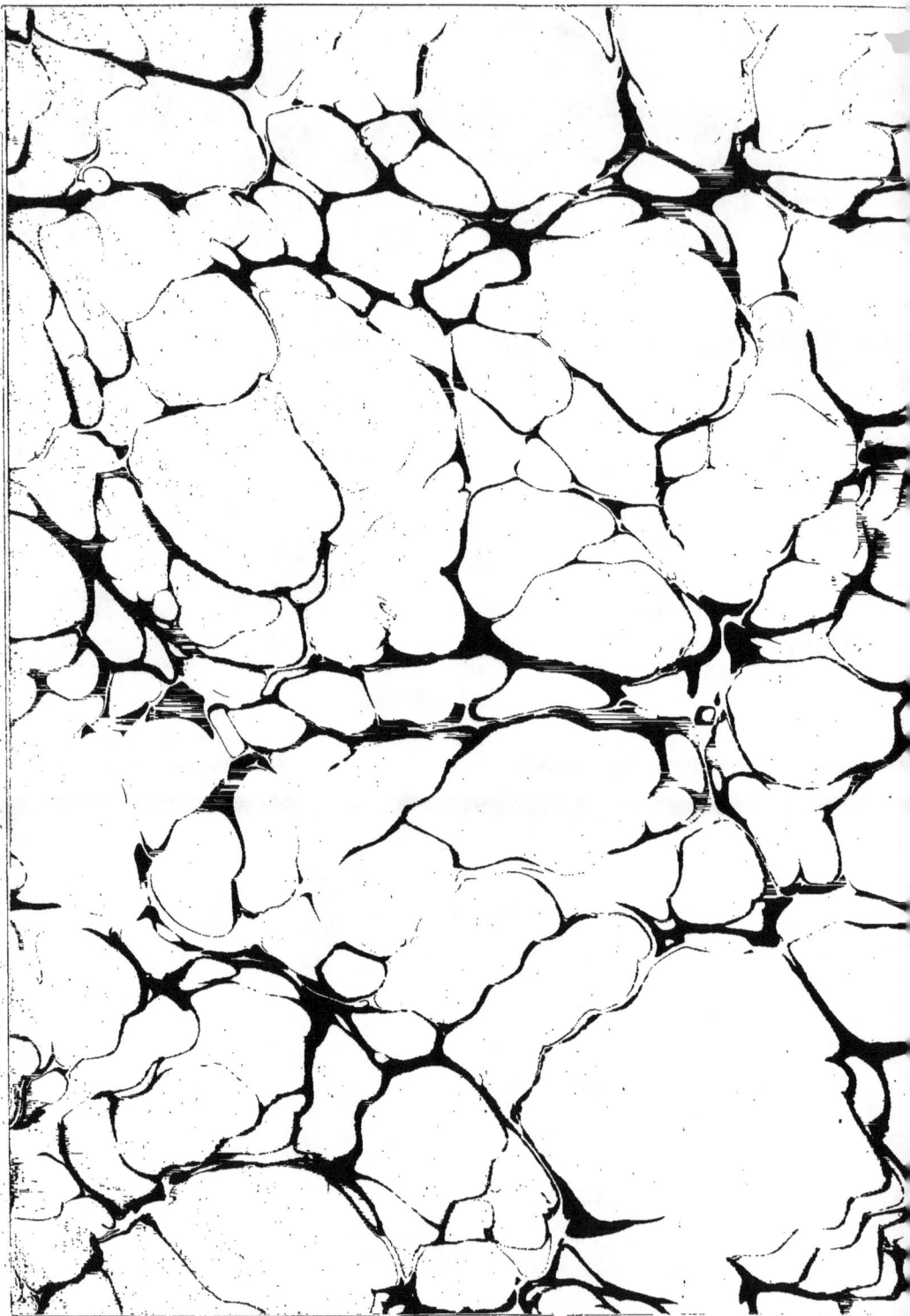

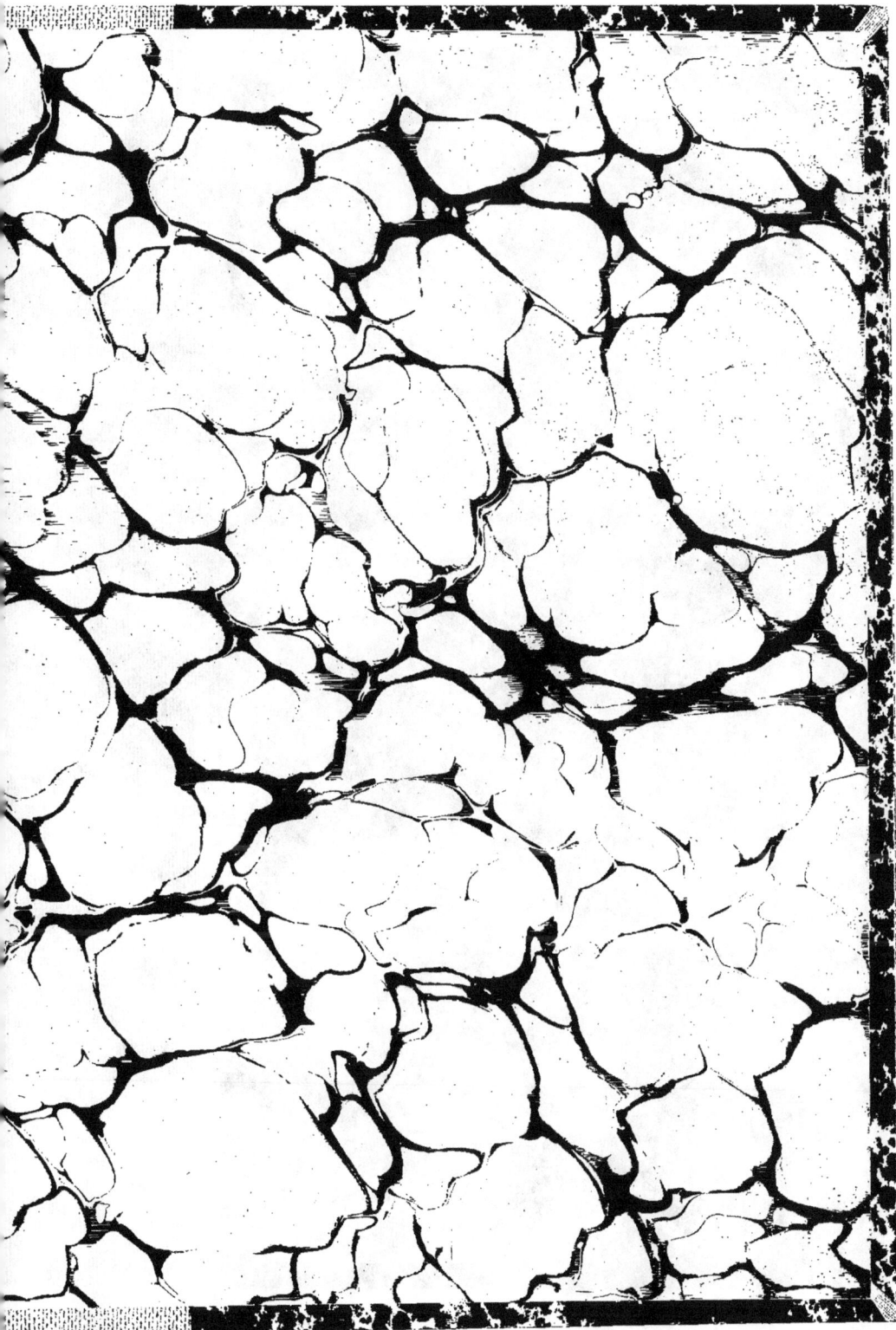

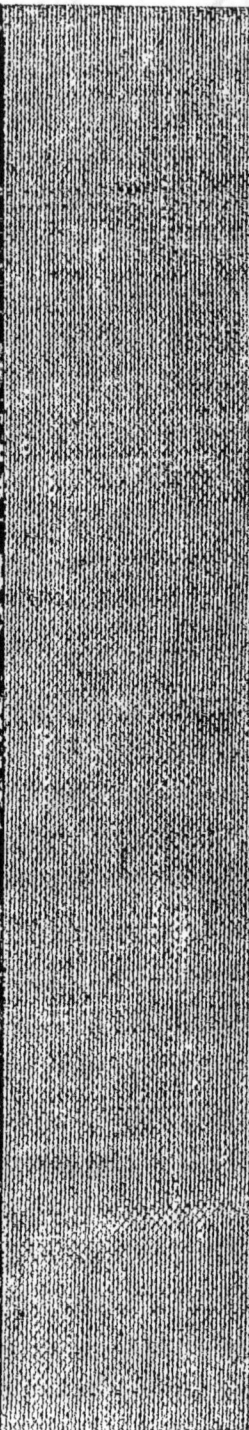

www.ingramcontent.com/pod-product-compliance
Lightning Source LLC
Chambersburg PA
CBHW070540200326
41519CB00013B/3086